Immaterialism

Objects and Social Theory

Graham Harman

非唯物論

オブジェクトと社会理論

グレアム・ハーマン

上野俊哉 訳

河出書房新社

非唯物論　オブジェクトと社会理論◉目次

凡例

一　原文のイタリックには傍点を付した。

一　訳者による補語は［　］に記した。

非唯物論

オブジェクトと社会理論

第一部

1　オブジェクトとアクター

この本は様々なオブジェクトについて、またそうした諸対象を社会理論にどのように適用できるかということをめぐって書かれている。簡便さが売りのシリーズなので、読者によっては重要と思われる部分をこの本ではほとんど省かざるをえなかった。ミシェル・フーコーやニクラス・ルーマンのような影響力ある理論家たちが出てきてもほんの少しふれるだけで、ロイ・バスカーやマニュエル・デランダ（二人とも個人的には好みなのだが）について書いた節も最後にばっさり切ってしまった。それでもこの本の第一部は一九〇〇年における現象学以降に登場した最も重要な哲学的方法となっているアクター＝ネットワーク・セオリー（ANT）、ならびにわたし自身の立場であるオブジェクト指向存在論（OOO）と、これとしばしば混同される現代思想の一派である「新しい唯物論」New Materialism に焦点をあてている。

様々な対象《オブジェクト》をあつかうにあたり、ANTの業績ははっきり言って玉石混淆である。ある意味でANTは誰もが求めるように対象《オブジェクト》をあらかじめ社会理論にとりこんでいる。何であれそれが行為するかぎり実在的であるとするフラットな存在論をANTは掲げているからである。つまり、かなりゆるやかな評価基準から、超音速ジェット機、ヤシの木、アスファルト、バットマン、ボクシングのリング、トゥース・フェアリー［抜けた歯をいつの間にかお金に換えてくれる妖精］、ナポレオン三世、アル・ファラービ、ヒラリー・クリントン、オデッサの街、トールキンによる想像上の裂け谷［『指輪物語』作中の土地］、銅の原子、切断された四肢、シマウマとウシカモシカの混じった群れ、実現しなかった二〇一六年シカゴ夏期オリンピック、さそり座の星座など、これら全てがひとしく対象であり、あるいはむしろ全てひとしくアクターである以上、こうした全てはすべからくはじめから同等に重要だというのである。OOOがANTのように諸対象を内包することはおよそないし、ある意味でOOOの場合はANTのようにはいかない。しかし別の意味では、ANTはモノのうちにある隠されたいかなる深い次元も廃し、またモノを行為＝活動に還元することによって対象《オブジェクト》をすっかり取り逃がす羽目になっている。結局、あなたやわたし、また機械も、そのときたまたまわたしたちがやっていることとは別のものである。というのも、全く別のものにならことがないなら、われわれは全く違う仕方でふるまうか、単に眠るように何もしないでいるからである。様々な対象《オブジェクト》を（ANTがそうするように）それが行なうことに置き換える、あるいは（伝統的な唯物論のように）それは何でできているかということの記述に置き換える代わりに、OOOはその構成要素にも効果にも言い換えることのできない何かに参照するために「オブジェクト」という用語を使っている。

　オブジェクト指向社会理論の探究の動機は、まずオブジェクト指向哲学への関心に求められる（Harman 2010a, 93-104）。この哲学の最初の公準はこうなる。一切がひとしなみに実在＝現実的であるとは言えないにしても、あらゆる対象はひとしく対象《オブジェクト》である。つまり、実在的対象の自律性と感覚的対象の従属性――対象《オブジェクト》に出会う存在者がどんなものであれ、感覚的対象《オブジェクト》はそれに従属しているということ――をわれわれは区別しなければならないということである（Harman 2011）。この点が隣接する諸理論とは異なっている。というのも、こうした理論では一連の理論の意味あいの強さが同じではないにしても、この世界のうちで活動し、力を発揮するものなら何であってもひとしく実在性を認めるからである。二つの例として、ブルーノ・ラトゥール

（1988）と、最近ではレヴィ・ブライアント（2011）の哲学上の立場があげられる。ラトゥールと同じくらいはば広く存在論の網をかける社会理論家をあげるのは簡単だ。たとえば、デュルケムの好敵手たるガブリエル・タルド（2012）がまず思いうかぶ。しかし、オブジェクト指向哲学があらゆるサイズの対象をひとしくあつかい、対象がとる様々な関係や性質、活動をこえた余剰として個々の対象を考慮するのに対し、タルドはもっとも極小の「モナド」のレヴェルでの存在者を特別にあつかっているが、ラトゥールは対象がひきおこす結果よりも対象のがわの方に実在性をしぶしぶ認めている（Harman 2012a および 2009 をそれぞれ見られたい）。

　まともな議論なら、異なる種類の存在者を最終的には必ず区別する。しかし、人間存在と万物の間におかれる近代におけるアプリオリな分裂においてはよく見られるように、あらかじめそうした区別をこっそりもちこむのではなく、これを自らの手で獲得しなければならない（Latour 1993 を見よ）。なぜオブジェクト指向のアプローチが望ましいか、という問いの答えはここにある。つまり、きちんとした哲学理論なら、何ものも例外にしないというところから出発しなければならないということだ。哲学を一切合切避けようと主張するようなたぐいの社会理論がもちだすのはきまって中立的で経験的なフィールドワークに逃げこむ凡庸な哲学でしかない。

オブジェクト指向哲学が新しいかどうかという問題について言えば、社会理論におけるオブジェクトという主題は、お馴染みで主流のトピックに最初は見えるかもしれない。厳密な意味でのＡＮＴではない専門領域としてのサイエンス・スタディーズは、自らが描く社会の像に人間以外《ノンヒューマン》の要素をとりこむように、どうやら立場を逆さに曲げている。

カリン・ノーア・セティーナ（1997）は様々な対象《オブジェクト》について多くを語っているが、彼女の主要な関心は「知識対象」knowledge objects と呼ぶものにあり、概して彼女のあつかう諸対象は、人間との接触の外にあるのではなく人間存在のがわにある。ラトレッジから出ているアンソロジー『オブジェクトと物質』の帯宣伝の文を見てみよう。

「社会的なものをめぐるわれわれの議論は、実践への注目から、また対象に媒介された諸関係や人間以外の行為体や人間の社会性の情動的次元への注意から生じる必要があるという考えが人文学や社会科学全般において広くいきわたっている」（Harvey et al, 2013）。

この文章は、様々なオブジェクトにただ二つの機能のみわりふっている点で、昨今の流れでは典型的なものである。（a）対象《オブジェクト》は「関係を媒介する」。つまり、対象が媒介するものは人間どうしの関係であるという意味だ。（b）対象には「行為体《エージェンシー》」があるる。これはオブジェクトは何らかの活動に関与する場合に重要となる、という意味である。この二つの視点はＡＮＴや、これと似た学派に受け継がれた明確にオブジェクト寄りの洞察である。両者のみごとな目標は、われわれを古い伝統から解き放つことであった。この伝統において社会は自足した領域として見られ、そこで人間はあらゆる活動を行なうが、対象は人間の心や社会のカテゴリーをただ受けいれるだけの器となっていた。

ところでこの二つの重点こそ、従来のやり方と比較してどれほど都合がよいにしても、まさに近年の様々な理論が十全に進めてこなかったことである。オブジェクトは関係を媒介すると述べることは、動物の群れの場合とは違って、人間の社会は煉瓦の壁や有刺鉄線、結婚指輪、地位、称号、コイン、衣類、タトゥー、メダイヨン、卒業証書といった、人間ではない様々な対象《オブジェクト》によってしっかり安定を得ている、という点を強調することである（Latour 1996）。この点でまだ見落されているのは、この宇宙における膨大なほとんどの諸関係は人間とは関係がないということ、少なくとも他の千億の銀河のなかのありふれた銀河の辺縁に位置する、そのまた千億の星々の一つにすぎない中型の恒星の近くの標準的な大きさの惑星の正体不明の住人と、宇宙におけるほとんどの関係は無縁であるということだ。人間がいなくても対象どうしは他のものとの間で相互に作用するという点を忘れてしまえば、どれほど声高に主観＝対象の分岐ののりこえについて吹聴したとしても、人間が住める宇宙《コスモス》の50パーセントを自分たちのものと主張することになるのだ。本当の意味でオブジェクトに賛同するオブジェクトの理論は、人間を直接には全く巻きこんでいない対象間の関係について意識する必要がある。その上で、われわれは対象がもつ行為体について、なお物議をかもす論点に導かれる。対象には行為体《エージェンシー》があるという理由で称えるにせよ、対象に行為体があることを性急に否定するにせよ、活動していない場合に対象とは何であるかという問題は見過ごされる。対象《オブジェクト》をもっぱらアクターとしてのみあつかえば、モノは行為するゆえに存在するのではなく、存在するがゆえに行為しているということが忘れられる。対象とは自らの力をたくわえている眠れる巨人であり、そのエネルギーをことごとくいっぺんに解き放つことはない。

本書の読者が〇〇〇に深く親しんでいるとは考えられないので、筆者の以前の著作の読者には了解済みの点をいくつか繰りかえす必要がある。〇〇〇には馴染みのうるさ方も面食らうようなひねりを新たにつけ加えるのはまたの機会にしておこう。

2　掘り重ねという危険

モノについての知識には基本的に二種類しかない。つまり、われわれにはモノが何でできているか、そしてモノは何をしているかを説明することができるという二つである。こうした知識を得るには、このモノをめぐる大雑把な説明をモノそのものによって置き換えるという代償を必ず払うことになる。一篇の詩句、企業体、陽子、メールボックスのどれについて語るにも、文芸批評家たちならとっくに知っているように、われわれが対象を、その構成要素や効果についての説明で代えようとするさいには何かが変わる。専門的に言えば、対象を言い換えようとする試みは、つねに対象を掘りくずし undermining（下方還元）、掘りあげ overmining（上方還元）、掘り重ねる（二重還元）duomining ことになる（Harman 2013）。

対象は、われわれがある対象を下向きに還元することを通してそれじたいより小さな成分から説明する場合に掘りくずされる。古代ギリシアの前ソクラテス派の思想家たちが、中くらいか大きなサイズの実体の構成を説明する究極の根源を見つけようと願ってやまなかったとき、この掘りくずしから西欧における科学は生まれた。ありとあらゆる存在者はどれも水、空気、火、原子、数、かたちのない塊、他の何かからできているのだろうか？　掘りくずしは物理学では依然として主流であるが、社会理論ではそうではない。それというのも、社会理論は究極の粒子といった用語では考えないからである。驚くべき反対例はタルドである。彼はより大きな複合からなる実体をそれじたいでかたち作ることによってではなく、単一の主要なモナドのもとに一緒にいいいさせるだけで、より大きな存在者をかたち作る小さなモナド的諸実体に、自分の社会学の基礎をおいている（Harman 2012a）。ダイアナ・コールやサマンサ・フロストらによる新しい唯物論の画期的なアンソロジーの中であきらかにされているように、こうした著者たちが、人間が背景となる条件に依存している点を強調するさいにも掘りくずしが働いている。「われわれの存在は一瞬ごとに無数の微生物やより高等な多様な種に依存し、漠然と理解された自分の身体や細胞の反応にも依存し、容赦ない宇宙規模の動きに依存し、また一緒に環境に住まう人工物や自然素材などにも依存している」(Coole & Frost 2010, 1)。掘りくずし(下方還元)につきまとう問題は、対象を構成する様々な断片や来歴から対象が相対的に自立していること、つまり創発としてもっとよく知られている現象を掘りくずしによっては説明できない、という点にある。ある対象はその原子の配置そのものとひとしくはない。なぜなら、一定の限界のうちではこれらの原子は、その対象をまるごと変えることなく置き換えられ、取り除かれ、移されたりできるからである。同様に、ある対象はその環境から受ける様々な影響と同じでもない。というのも、こうした影響のうちには何の効果もないものもあれば、その効力を決定的に証すものもあるからだ。ローマやアテネ、イスタンブールは、すっかり人口構成が変わり、文化やインフラの変動があっても、古えの時代から同じ都市のままだろう。ある対象はその構成要素より以上のものであり、ゆえに下向きの還元というやり口は対象をうまく言い換える説明にはなりえない。

　しかし人文学や社会科学にとって、より大きな危険はこれと全く対極の掘りあげ *overmining*(上方還元)にある。こちらの場合、対象は究極の最小の断片として表層的に比較されるのではなく、触知できる対象の属性や効果との比較によって、無闇に深遠でつかみどころのない仮説としてあつかわれる。一八世紀の経験論の言うところでは、対象は性質の束にほかならないが、現代思想家たちは逆に対象はその諸関係や識別できる行為にほかならないと述べている。間違いなくラトゥールは今日において最も刺激的な掘りあげ（上方還元）の思想家である。これはまさに次のような彼の大胆な主張に見てとれる。「その行為を通してしかアクターを画定することはできないし、どんな他のアクターが修正され、変換され、混乱させられ、創造されるのかを問うこと以外に行為を画定しうる方法はない」（Latour 1999b, 122、邦訳一五六頁）。掘りあげにつきまとう問題は次の点にある。つまり対象が修正し、変換し、混乱させ、創造するものが何であれ、これをこえて対象にいかなる実在の余剰も許さない、ということである。このようにＡＮＴは古代のメガラ派たち、今現に家を建てているのでなければ誰も大工ではありえない——ちなみにこの主張は『形而上学』においてアリストテレスに反駁されている（Aristotle 1999, Book Theta, Chapter 6）——と主張した者たちの議論を知らぬ間に繰り返している。というのも、もし対象《オブジェクト》が世界においてまさに現に起こっていることの表現にほかならないのであれば、対象はその後に続く時間において別の仕方で何でも行なうことはできないからである。いかなる「フィードバックループ」であっても、モノのうちにあるモノどうしの関係をこえた過剰なものの必要には代えられない。なぜなら、ある対象《オブジェクト》は他を受けいれる受容体 *receptive* とならなければ、フィードバックを飲みこむことも、これに対応することもできないし、対象は現にそれじたいが行なっている動き以上のものでなければならないからである。ちょうどわれわれが、ある対象はその構成要素以上のものであると見なす場合のように、対象はそれが現に行なっている様々な行為には満たないものであるとわれわれは考えている。フロリダ大学の図書館で現にこの言葉をタイプしていて、黒いセーターを着こんだ著者ハーマンは、次の日曜にはフロリダを発つことになっていて、好きなときにいつでもそのセーターを脱ぎ捨てることができるハーマンでもあるというには、あまりにも特別な存在となっている。

掘りくずしや掘りあげに単独で別々に出会うことはまれである。普通、この二つは互いに強めあい、掘り重ね *duomining* として知られる二面的な還元によって結びついている（Harman 2013）。西欧で最初期の掘り重ね論者 duominer はパルメニデスであった。彼は一方では単一の統一存在、他方では臆見と見かけのあてにならない戯れという二重の宇宙（コスモス）を唱えた。万物は、純粋な個物たちにいかなる中間領域も許さない完全に統一された深層であるか、あるいはいたるところまだらになった表層であるとされる。もう一つの例はある種の科学的唯物論に見てとれる。これはこの宇宙（コスモス）の究極の層として、素粒子や場、ひも、不確定の「物質」といったものをあつかうさいには有無をいわさず掘りくずし（下方還元）を行なうのだが、数学がこの純粋な層の一次性質を汲みつくせると主張する場合には容赦なく掘りあげ（上方還元）を行なう（Meillassoux 2008を見よ）。

掘りくずし、掘りあげ、掘り重ねは知識の三つの基本形態であり、それゆえ人間の生存がこのような知識の獲得にかかっているかぎり避けることができない。しかし、専門科学のうちには知識の形態をとらず、なお認識する上で重要な価値をもつものもある。芸術や建築の作品は、下向きに物理的構成要素に還元されたり、また上向きに社会＝政治的な効果に還元される場合、そうした還元を行なう専門科学がそのつど何を試みても、間違って理解されてしまう。どちらの方向にせよ、知識が決まって依って立つ、そのままの言い換え《パラフレーズ》に抗って還元に従わないような何かが芸術や建築の作品のうちには存在する（Harman 2012b）。同じことは哲学についても言える。哲学は前ソクラテス派によってではなく、ソクラテスの非イロニー的な主張からはじまった。つまり、彼は何も知らず、何に対してもいかなる特定の定義も断じて拒む態度から、決して誰かの師になったことはない。いかなる理論も自らが依って立つ条件について哲学的に反省する傾向があるかぎりで、モノたちの究極の不可知性や自律性を、それがモノたちについて考えるさいに組み込まなければならない。言い換えれば、どんな理論でも哲学的基盤は知識というかたちをとることはできず、もっとたくみな、より間接的な仕方で世界に向きあっているに違いない。

3　唯物論と非唯物論

対象への関心は「唯物論」――今日の知的生活において何よりとても大事にされている言葉の一つだが――への関心としばしば混同されている。この語にこめられた威光のほとんどは、「啓蒙主義」や政治的左派、唯物論と結んできた長いつながりに由来するが、今日の唯物論が空虚のなかを逸れる原子についての古代の唯物論とどれほど異なっているかはひどく興味をひく。この違いはつねにより良い方向にあるとはいえない。ブライアントが苛立たしげに言うように、「唯物論は物質的なものとはいささかも関わりのない作り話になってしまった。唯物論は何かが歴史的であり、社会的に構築されており、文化的実践に関わりがあり、かつ偶発的であるといったことを意味するだけのものになってしまった。……一体、マテリアリズム（物質に即した考え）における唯物論はどこにあるのだろうかと思う」（Bryant 2014, 2）。ところで「新しい唯物論」を厳密に定義するのは難しいかもしれないが、その大方の支持者、はっきり「新しい唯物論者」と名のらない者も含めて、同意見の者に支持されている一連のテーゼをリストにするのは簡単で、次のようになる。

「新しい唯物論」の公準

○あらゆるものは絶え間なく変化している。
○あらゆるものは、明確な境界や切断点によってではなく、連続した傾向にのっとって生起する。
○あらゆるものは偶発的である。
○われわれは実体／名詞よりも行為／動詞に焦点をあてなければならない。
○モノはわれわれの「実践」において生み出され、ゆえにこれに先立ついかなる本質も欠いている。
○あるモノが行なうことの方が、それが何であるかということより関心を引く。
○思考と世界は決して別々に存在するのではない、ゆえに両者は「相互作用」interact

するのではなく「内的に行為する」intra-act（Barad 2007を見よ）。
○モノは唯一特異ではなく多数多様である（Mol 2002を見よ）。
○世界は純粋に内在的であり、それは良いことである。なぜなら、いかなる超越も抑圧的になるものだから。

これらのテーゼのそれぞれは、普通、新しさをうちだす雰囲気で示されるが、これらが人文科学のいたるところで、これまでどれほどずっと主流できたかという点は印象的である。右のリストで間違えようもないことは、掘りあげという方法への深い肩入れである。この方法の弱点は――すでに見たように――対象が世界においてどのように現に行為しようとしているか、あるいは現れようとしているかということと、対象そのものは区別することができない、という点にある。対象の実在性をまともにあつかうためには、この種の掘りあげの唯物論とは反対の言葉が必要となる。唯物論に対する自然な対立項は「形式主義《フォルマリズム》」という言葉にあるが、この語はオブジェクト志向の方法とは無縁な種類の抽象的な論理＝数学的な手続きと密に結びつきすぎている。この理由から、わたしは右のようなアプローチに対する反対語として非唯物論

（immaterialism）を提起する。この名を、以下のような諸原則を示すのに役立たせよう。

非唯物論の公準

○変化は間欠的であり、安定が標準である。
○あらゆるものは連続的な傾向に即してではなく、明確な境界と切断点にしたがって分割される。
○あらゆるものが偶発的というわけではない。
○実体／名詞が行為／動詞よりも優位を占める。
○あらゆるものには、どんなにはかないものであっても自律した本質があり、われわれの実践はその本質をわれわれの理論がそうするのと同じに把握する。
○あるモノが何であるかということが、あるモノが行なうことよりも興味ぶかいことになる。
○思考とその対象は、他のいかなる二つの対象以上に分離しているわけでも、それよりも分離していないのでもないので、両者は「内的に行為する」よりも相互行為しあう。
○モノは多数多様であるよりも唯一特異である。
○この世界はただ単に内在的なのではない、これは良いことである。なぜなら、純粋な内在は抑圧的になるからである。

この新しいリストはただ単に掘りくずしと反対の弱点をあげるだけなのだろうか？ そうではない。なぜなら、非唯物論は様々な存在者を何か究極の構成をなす層に解消することなく、あらゆる規模を通して存在を認識するからである。ある特定のピザハットの店舗は、それを構成している従業員やテーブル、ナプキン、分子、原子以上に実在的なわけでも、それより実在的でないわけでもないし、このレストラン、さらにはアメリカ全土ないしこの地球上のピザハットの企業総体、ウィチタという本社のある都市などがもちうる経済効果やコミュニティにおよぼす影響以上に実在的であるわけでも、それより実在的でないわけでもない。こうした存在者たちは他のものにはたらきかける（触発する）こともあれば、はたらきかけられる（触発される）こともある。しかし、決して互いの影響を通してくまなく繰り広げられはしない。というのも、これらは別のことを行なう、ないし何一つなさないこともできるからである（Zubiri 1980）。別の言い方をすれば、関係論的な形而上学があつかえるのは対象ではなく、もっぱら関係のみであるが、これは新たに構成された対象として諸関係を適切にあつかえるので、非関係論的な形而上学は関係と対象の両方をあつかうことができる。この新たなリストによってわれわれは、ある種の反動的で本質主義的、素朴な実在論に連れ戻されるのだろうか？　そうではない、なぜなら、われわれの言う本質主義は反動的なそれではなく、実在論もまた素朴なそれではない。というのも、古い本質主義は、様々なモノの本質を知ることができ、さらにその知識を抑圧的な政治的目的のために使うことができると考えた（「東方の人民は本質的に自分で自分を治めることができない」）のに対して、非唯物論の本質主義は、本質は直接に知りうるものではなく、ゆえにしばしば驚きをもたらす、という点に注意をうながしているからである。さらに素朴実在論では実在は精神の外にあり、われわれはそれを知ることができると考えられているのに対して、オブジェクト指向実在論は、実在は精神の外にあり、われわれはこれを知ることはできないと主張する。こうしてわれわれは、非直接的、暗示的、副次的手段によってのみ対象にアクセスすることになる。まるで人間が外部を擁する唯一の存在者であるかのごとく、実在は「精神の外」にのみ存在するのでもない。そうではなく、実在は塵や雨粒の因果的相互関係を越えてはいても、人間の領域でもそうであるように、生命なきものが関係しあう世界においても決して十全に表現されることのない、ある余剰として存在している。

ラトゥールは何であれ対象が「修正し、変換し、混乱させ、創造する」ものに向けて対象を上向きに還元し、そうすることで対象を、他に何も残っていない行為に転換する、という点は先に述べた。しかし、ラトゥールはこの問題を自覚していて、いくつか違うやり方で指摘している感もある。これらのなかで最も有効なやり方は、彼の政治理論のうちに見いだせるかもしれない。ラトゥールの政治理論は「権力の政治」と「真理の政治」において近代の行きつく極みを避けようと努め、ついにはルソーはおろかホッブズまで疑ってかかる（Harman 2014a）。ノーチェ・マーレス（Marres 2005）の重要な博士論文をふまえて、ラトゥールはウォルター・リップマンとジョン・デューイの「オブジェクト指向」の政治に関心を寄せているが、この関心の動機は政治的知識なるものはないというデューイの主張に由来する。知識はつねに宇宙＝世界的な政治 cosmopolitical をめぐる闘争（Stengers 2010）という早道を経るが、この闘争を通して人間と非人間の双方の存在者は相互に規定しあうというのがその理由である。そうできるのは、何らかの想定される政治的真理（平等主義的なものか、あるいはエリート主義的なものであれ）を引き合いに出すか、あるいは政治は真理ではなく単に権力しだいである（Latour 2013, 327）という逆の主張を持ち出すか、という場合による。ラトゥールが存在するものを知識へと還元してしまうのを斥けるもう一つの重点は、彼の唯物論に対する、才気にあふれたわりにあまり読まれていない批判のうちに見いだすことができる（Latour 2007）。唯物論の教義の黄金期にあって――ラトゥールはこう気づかせてくれる――「唯物論の声高な強弁にうったえることは、道徳や文化、宗教、政治、アートのような概念の背後に自らの野蛮な利害を隠しておこうとする人々の主張を粉砕するには理想的なやり方に見える」。しかし、このためには「物質や、その多様な行為体についての、むしろ観念論者による定義」（Latour 2007, 138）が必要とされた。というのも、唯物論は物質とは何であるかを知っている、ということをあらかじめ想定していたからである。つまり、いつもこの世界に帰属する「驚きと不透明性」（Latour 2007, 141）に対立するものとしての、物理的基盤をもった、数学的に形式化できる一次性質のことである。ここからラトゥールはANTの基本原理を疑うことになるような、さらなる教訓を引き出すかもしれない。つまり、いったん対象を驚きと不透明性でもって語れば、対象は、それをなす究極の断片にも、その行為や関係にも還元することはできない。アクター－ネットワークは端的に原子のネットワークを転倒した形態なのだ。

反＝掘り重ねの理論（二重還元）を支持するほかに選択肢はない。これについてはオブジェクト指向哲学が今のところ唯一、厳密に妥当する例となる。あらゆる知的な勢力が文脈や連続性、関係、物質性、実践に属する時代にあって、われわれはこうした用語がそれぞれにもつ優位性を退けなければならず、逆に非唯物論による驚きと不透明性のかたちに焦点をあてなければならない。掘りくずしの還元は並行して失墜しているのだから、問題となっている不透明な驚きは、究極粒子の飽和した層や、ジェーン・ベネットによる「脈動する総体の不確定な勢い」（Bennett 2012, 226）という鮮やかではあるが間違った記述によってではなく、あらゆる規模で十全にかたちづくられた個体たちによってできたものに違いない。

4　ＡＮＴを発展させる試み

ＡＮＴの仕事はいくたびも大鉈を振るうことでできあがっているが、この方法の共通の創始者としてはミシェル・カロンやブルーノ・ラトゥール、ジョン・ローなどの名前がしばしばあげられる。だとしても彼らがＡＮＴに大っぴらに懸念を表明することに支障はなかった。ラトゥールはこうまで言い切っている。「アクター‐ネットワーク・セオリーではうまくいかないものが四つある。つまり、アクターという語、ネットワークという語、セオリーという語、そしてハイフンである！」（Latour 1999a, 15）。皮肉にせよ、そうでないにしろ、これらの語彙は彼の『存在様態の探究』（Latour 2013）という本で、ＡＮＴからさらに全面的に離脱する兆しを伝えている。そこでラトゥールはＡＮＴによるスパイ活動の技術を学んだばかりの民族誌家を念頭に、こう記している。「自身の大きな混乱に応じて、法学や科学、経済学や宗教の研究を断片的にかじっていくにつれ、この者はこれら全てについて自分がほとんど同じことを言っていると思いはじめる。つまり、それらは〈調査によって明らかになった予期しない要素による異質な仕方で構成されている〉」と。この民族誌家は「ある驚きから別のそれへと……どこかで自らの驚きに移行するのだが、このことで驚きは止んでしまう。各々の要素が同じ仕方で驚かせるからである」(Latour 2013, 35)。こうした単調さを矯正するためにラトゥールがもちだす手立ては、行為体やネットワークを放棄することではなく、ネットワークはほんの時おり、また大抵は間違ってしか交差しない、少なく見ても一四種の異なったかたちであらわれると論じることだ。消え去るどころか、様々なネットワーク〈今や「NET」というありかたで知られる〉は、ラトゥールの新しい理論の仕事を中途半端に続けている。他方、彼が「前＝立場」〔preposition〕と呼ぶ様態〔PRE〕は、他の一、二の様態に門を開く。この後のラトゥールは行為体について彼が打ち立てた関係論的なモデルを堅持しており、この行為体は何ひとつ留保しない行為＝活動によってひきつづき徹底的に明らかにされている。モノのうちにあるいかなる余剰も、隠れた本質的な核心から生じるのではなく、いついかなるときもわれわれがつい考えてしまうのとは違って、あらゆる様態においてモノが同時に加わる参与＝分有 participation から生じる――スピノザの「属性」と違って、これらのモノは無限ではなく、わずか一四個しかないのだが。ラトゥールによるこの進行中の様態プロジェクトはその重要性にもかかわらず、世界についての非唯物論的な説明、どんなネットワークの外でもモノたちの非関係論的な深みに注意を払うように求める説明の道具を用意できていない。

ＡＮＴを内側から根元的に変える試みとしては他に、ジョン・ローと、特に彼のすぐれた盟友であるオランダ人のアネマリー・モルが行なっている「新しい唯物論」の長所と短所の両方をふまえた協働作業がある。ラトゥールとスティーヴ・ウールガーの『実験室の生』Laboratory Life（Law 2004, 18-42）におおむね同意する説明をしたあとで、ローはモルとさらには彼自身によるＡＮＴをこえることを意図した試みについて大胆な主張をしている。曰く、「一つの巧妙だが壊滅的な違いを別にすれば、（モルの）立場はラトゥールやウールガーの立場に似ている。では違いは何か？　問診によってある単一の実在＝現実にいきつくこともあるだろうが、必ずそうなるとはかぎらない」（Law 2004, 55）。影響力あるモルの著作『多としての身体』（2002）に対する医療への参照は、アテローム性動脈硬化は単一の疾患ではなく、多方面の不調であることを示そうとする事例となっている。というのも、それは血管造影法や手術、顕微鏡の使用といったような処置など別の仕方でも認められるし、また変化しあう一連の症状からも様々に証明できるからである。モルの主張は、一つの疾病は様々な文脈で端的にいろいろ違ってあらわれる、という点にはない。彼女の仕事におけるより根元的な主張によれば、様々な疾患はこれを発見するために様々な方法が使われるさいに生み出されるというのである。彼女は多様な視角から見られる単一の現実世界という考えを受け入れることができない。またローも、この考えを「欧米の形而上学」（Law 2004, passim）と呼びならわす素朴実在論の一例と見て認めない。西洋哲学史のあまりに過剰な一般化と、非西欧人にはより優れた智慧があるといった俗受け狙いのお世辞をないまぜにしているので、この呼び方は望ましくない。われわれもまた実在＝現実とその多様な真理の両面価値性によって、ある方向から、あるいは想定しうる政治的恩恵にのみもとづく方向から科学上の発見にうながされることもある、というローの主張に喜んではいられない。なぜなら、ローとモルがいかなる直截な意味での科学的真理も排除しようとするまさにそのときに、適宜、進歩的な学者たちが政治的真理に直接に接近する事態がここでは含意されているからである（Law 2004, 40）。その他にもある様々な問題のなかでも、この点はラトゥールによるホッブズとの断絶に先立つ、初期のＡＮＴへ立ち戻らせる（Latour 1993）。それは、ＡＮＴが「真理」に疑いのまなざしを向けたときであり、同時に「権力」を分析以前の門《ゲート》にくぐらせたときでもある。自身とモルはラトゥール流のＡＮＴに「痛烈な」異議を唱えているというローの主張を認めることはできない。なぜなら彼らの反論は、すでにラトゥール自身の仕事の特徴の一つにあげられる持続する単一存在への敵対という姿勢を外から敷衍するにすぎないからである。かりにラトゥールがモルの多様なかたちの疾病という考えに抗って、アテローム性動脈硬化症の単一性を認めるとすれば（すでに想像しがたいけれど）、それはひとえに医療研究者による長きにわたる協働研究ののちに、この病気が暫定的にブラックボックス［効果はわかるが、そうなる理由のわからないもの］とされるためであって、病気そのものに内在する何らかの実在的単一性のためではない。

にもかかわらず、ローが西欧哲学の総体を見てこれを転倒しようと試みるさい、彼は明晰にして大胆である。とりわけ彼の主張では、古典的な「欧米（哲学）」は避けるべきとされる。このバイアスによると、実在＝現実は（1）われわれの外にあり、（2）われわれの行為や知覚からは独立しており、（3）われわれに先行しており、

（4）明確な形式や関係からなっており、（5）恒常的であり、（6）受動的であり、（7）普遍的である（Law 2004, 24-5）。こうした原則をローとモルが拒絶する場合に二人を結ぶ共通のつながりは、かつてわれわれの外にしかないと考えられていた実在＝現実を作り出すさいに彼らがともに人間に認めている相応に大きな役割にある。アテローム性動脈硬化症じたいというものはないし、飛行機そのものなどもないし、可想界的なジンバブエ揚水ポンプなどというものもない。むしろ、実在＝現実は遂行され、ないし生み出されるのである。それは「諸関係において生み出され」、「様々な実践」によって一つにまとめられている（Law 2004, 59）。ある存在者の同時的な単一性と多数性の間の明らかな衝突を、ローとモルは危険な不一致とは扱うことはないし、悩んだあげくに解決されるものとしても扱わない。かわって新しい存在論として大胆に讃えるのだ。たとえば「アルコール性肝疾患はとるにたりない対象と判明するかもしれない。異なった場面で別々な実践によって違うように定められることで、これらの違いは、個々の場面にあってアルコール性肝疾患の特異性が継続する可能性もやはり保証するようなやり方で、何とか対処される」（Law 2004, 75 強調は筆者）。ここで「やはり」という語は、決して実際には達成されない「対処（マネジメント）」という形而上学的な労働を表している。ローが言う最新の既成事実ではなく未解決の逆説として。

この存在論における人間の実践に認められる重要な役割は、擁護しがたい関係論と対になっており、この双方の議論とも「様々な実在＝現実は諸関係において生み出され、生を担う」（Law 2004, 59）と主張する立場を掘りあげ（上方還元）によってなしている。だが別のところでは、この二人の著者は不確定の流体という新しい理論（Mol & Law 1994）によってネットワークの存在論に論駁するべく力をあわせている。つまり、それぞれの個人の歴史から存在するものが相対的に独立するあり方を説明できないあからさまな掘りくずし（下方還元）の動きを用いている。簡単に言えば、「多としての身体の存在論」Body Multiple Ontology は「新しい唯物論」においてより一般的に見いだされる掘り重ね duomining の傾向を単に繰り返している。しかし、どれだけそれが「唯物論的」と言い張っても、われわれはローとモルの極端なかたちの反実在論を認めることができないのだが、彼らの仕事には棄てるにはしのびない重要な原理がある。多くの実在論者は間違った仮定をしており、芸術や政治、社会は物質の化合や地殻プレートの移動に比してどこか実在的でないということの帰結として、実在＝現実は人間との交わりから無縁になるときにのみ実在＝現実的になると考えている。そのとき、人間とその営みはそれ自身の権利において実在的対象であり、オランダの病院で診断されたアテローム性動脈硬化症は、超新星における重元素の融合に劣らず実在的である、ということは簡単に見過ごされてしまう。しかし、これはもはや実在的ではないという点も慎重に記しておかなければならない。

5　モノ自体

オブジェクト指向哲学の重要な特徴は、知的生活には欠かせない要素であるが評判芳しからぬモノ自体へのこだわりである。一七八一年にはじめて出版されたカントの『純粋理性批判』は西欧哲学を今日に近いところで最も揺るがした激震であった（Kant 2003）。これ以降、あらゆることがらが何やら新しいカント主義的風景に対する対応となる。カントの刷新をただ一語に要約するとすれば、何より候補としてふさわしいのは間違いなく「物自体」だろう。過去の哲学が理性を通して直接にモノの真理に到達できると信じこんで独断的（ドグマティック）であったのに対し、人間の認識は有限であり、実際にあるとおりのモノにいたることはできないとカントは主張した。これらの「叡智界（可想界）」を思考することはできるが、知ることはできない。人間は「現象」にのみ直接的に接近し、ゆえに哲学は世界についての瞑想ではなく、人間が世界を理解するさいに経由する有限な条件、空間や時間、十二の悟性的範疇についての思考である。

掘り重ねにともなう問題についてはすでに見た。ある対象を下向きに断片に還元すれば、われわれは創発を説明できないし、対象を上向きにその効果に還元すると変化を説明することができない。ここから容易にわかることは、モノは何でできているか、モノは何をするのか、という二つの知識の基本形態のどちらにも転換しえない実在＝現実としての物自体がどうして必要とされるのか、という点である。結局、あるモノは知識に転化しうるといういかなる主張も、モノとそれについての知識の間にある明白にして恒常的な違いを説明することができない。かりに一匹の犬についての完璧に数学化された知識があったとして、この知識はそれでも一匹の犬ではないはずだから。これは「代理物＝案山子」（straw man）の議論と言えよう。なぜなら、知識はその対象とは異なるということに、哲学者たちは明らかに気づいているからだ。問題はしかし、哲学者たちがこの点に個人的に「気づいて」いるかどうかではなく、彼らの様々な哲学が充分にこのことを説明しているかどうかにかかっている。犬を直接に知っている人々は問いつめられると、自分はピタゴラス主義者ではないとせっかちに説明したり、われわれの知識は犬の形式をめぐるものでありつつ、犬そのものは「物質において」(Meillassoux 2012) もともとそなわっている同一の形式であると性急に説明するだろう。しかし、この多分に伝統的な公式はラトゥールによって「変換なき移動」transport without transformation の審級としてすでに開示されている。あたかも「同じ」形式が犬のうちにもありえ、さらに精神によってそのまま犬から引き出せるかのように。この教条主義的なかたちの形式主義に抗って、いかなる二形式の間にも等価性はありえないと認めなければならない。重大な転換がないかぎり、モノは単に知識に転化しうるものではなく、われわれの「実践」を通して何らかの接近に転化することもできない。カントにとって本当の問題は物自体の導入にあるのではなく、物自体が人間にだけとりついており、結果、有限性という悲劇的な重みは対象という単一の種によって担われている、ということにある。カントが指摘しそこなったのは次のようなことだ。どんな関係もその関係項 relata を汲み尽くしそこなうので、あらゆる生きていない対象は他のあらゆる対象にとっても物自体である。しかし、この本は人間の社会について考えているので、人間とは別の対象と対象の相互作用については、ここでのわれわれにとっては些末な関心でしかない。

ひょっとすると物自体について最もよく引き合いに出される文句は、それが否定神学にほかならないというものかもしれない。わたしとは全く別の考えをもつ友人の、優秀な合理論哲学者エイドリアン・ジョンストンによる以下のような指摘を考えてみよう。

「一九世紀や二〇世紀の何人かのポスト観念論者は、結局はとっつきやすい神秘主義を持ち上げるにいたる。そのとき基本をなす論理を否定神学のそれと区別することは難しい。変わることのない骨子となるひな型はこういうことだ。つまり、ある〈X〉がある場合、このXはいかなる範疇や概念、述辞、属性……などのレヴェルでは合理的かつ論証的にとらえることはできない、ということである」(Johnston 2013, 93)。

似た言葉は、ラトゥールが物自体の信奉者から出る「不平」を批判する場合のように、ANTを支持する者たちからも語られている(Latour 2013, 85)。しかしここにはまだ問題がいくつかある。第一に、否定神学がただ否定的であることは滅多になく、それはときにはただ実りがないだけである。傑出した否定神学者たる偽ディオニュシオスによる中世初期の文書においても、次のように否定的なものに他ならないキリスト教的三位一体の説明が見られる。

「家のなかでは、あらゆる灯りによる光が完全に相互に浸透しあっているにもかかわらず、各々は明確に区分されている。統一における区分と区分における統一がここにはある。家のなかにたくさんの灯りがある場合には、それでも単一の無差別の光があり、これらの全ての光から一つの区分しえない明るさが発する」(Pseudo-Dionysius 1987, 61)。

この比喩が見事に思えても「三位一体」を信じる必要はない。こうした例は、無神論者にして唯物論者たるジョンストンを微塵もゆるがすことはない。彼には空虚なゲームに見えるものに神学者たちをうっちゃっておくことにジョンストンとしては全く異存はないからだ。けれども彼の知識についての見方は彼にとってもっと得がたい何か、つまり哲学そのものを説明することができない。彼の皮肉な言い草を思い出そう。

「ある〈X〉がある場合、このXはいかなる範疇や概念、述辞、属性……などのレヴェルでは合理的かつ論証的にとらえることはできない」。だが、この言いまわしはソクラテスの方法と同じように述べていることに注意しよう。プラトンのどの対話篇の、どこの文章で、ソクラテスは範疇や、概念、述辞、属性などのレヴェルで何かを「とらえて」いるだろうか？　ソクラテスは賢者たろうとは主張せず、智を愛する者として哲学者たろうと主張する。もし何かが哲学を科学と分けるとしたら、それは無知に対するこの主張である。しかし、この無知は単に消極的なものではない。

ジョンストンは知識を、全てか無かという事態として考えているように見える。つまり、あるものを明確な命題の言語で知るのか、あるいは曖昧な身ぶり手ぶりしかもうないのか、というように。この偽の二者択一は、あるものを持っていようがいまいが、それを探すことはできないと、したがってまた何かを探す理由もないとメノンがソクラテスに述べてからは、「メノンのパラドックス」として知られている。この非哲学的言明は、最も哲学的な主張によってソクラテスに論駁される。われわれは真理を有するのでも有さないのでもなく、つねにその間のどこかにいるということだ。知的活動をめぐる、ジョンストンの全てか無かという見方は、さしあたり概念で語ったり、論証はできないにせよ、認知論的には価値のある活動を説明することもまたできない、という点に注意しよう。おそらくこの最もよい例は芸術だろう。どうすればピカソの「アヴィニヨンの娘たち」から何か大事なものを失うことなく、論証的な言葉でそれを言い換えることができるだろう？　かりに最良の美術評論家たちが暗示や省略によって記述する場合でも、それは彼らが「お手軽な神秘家」や不合理なペテン師であるからではなくて、彼らがあつかう主題がそれしか求めないからである。良い書きものは単に明晰であるというだけでなく「曖昧さ」がない。言い換えれば、それは主題を明白で実証できる属性の束に置き換えるのではなく、主題に生を吹き込むいきいきとした書き方でもあるに違いない。モノが遠まわしにしかあらわにならない場合もあり、そのさいにはわれわれがモノに向かう通路としての文字どおり精確な述定ではなく、むしろ逆説を探すのである。

　物自体をめぐるもう一つのありがちな偏見、それは「別世界のもの（現実離れしたもの）」だという考え方も終わりにしよう。実際、非唯物論モデルは世界にいかなる二元性も認めない。むしろ重要な点は、この世界における各々の対象が物自体であるということだ。なぜなら対象が何らかの知識や実践、ないし因果関係に翻訳されるさいにはかならずエネルギー損失があるはずだからである。われわれ自身も物自体なのであり、同時にこの世界そのものに住まっているが、テーブルやハイエナ、コーヒーカップもまたそうなのだ。「内在」に対するわれわれ非唯物論者の反駁は、何らかのユートピア的な真なる世界を除外するということではなく、純粋な内在は変化を説明することができないので、この世界で今表現されているものは、この世界が差し出してきた全てであるという考えにみちびかれる。

ANTと「新しい唯物論」についていくつか批判的な指摘を行なって、この二つとOOOを区別したところで、今やわれわれは対象《オブジェクト》をめぐるケーススタディを考察しなくてはならない。手短に説明できるという理由で、滅びて久しいオランダ東インド会社は、われわれの目的にとってうってつけの事例となる。

第二部　オランダ東インド会社

6 VOC（東インド会社）の紹介

哲学者G・W・ライプニッツは、有名なモナド概念のもとに、曖昧な点は残るものの、哲学における対象《オブジェクト》について論じた、否定しようのない代表格である（Leibniz 1989, 213-24）。ライプニッツの理論には他にも様々な問題があるが、なかでも彼が強く主張したことは一方の単純で自然な諸実体と、他方での複合し人工的な集合体との絶対的な区別の主張である。ANTは柔軟なので、列車から弾頭、動脈硬化にいたるまであらゆることがらを十全に説明できるのに対して、ライプニッツは複雑な集合体が個体的なモノとしても数えられるという可能性をあっさり斥ける。これは高名なジャンセニストの神学者アントワーヌ・アルノーとの一六八〇年代における文通からも明らかである。そこでライプニッツはこう述べている。「ロシアの大公とムガル大帝のダイアモンドからなる組み合わせは一対のダイアモンドとも呼べるが、これは根拠

＝合理性の一つにすぎない」（1989, 85-6、邦訳・平凡社ライブラリー、二六一頁）。すなわち、ダイアモンドの「一対」は精神によって想定できるが、どんな状況であっても実在するものとしては数えられない。ライプニッツはこう考えを進める。「もし機械が一つの実体であるとすれば、手を握りあう輪になった人間たちも一つの実体であり、軍隊もそうなるだろうし、ひいてはあらゆる多数の実体もまたそうだということになる」（1989, 86、同、二六二頁）。簡単に言えば、彼は機械や輪になった人間、そして軍隊を実在として認めてしまえば、どんないき当たりばったりのモノの組み合わせも一つの実体として数えられなければならないと主張する危うい道に追いこまれるのではないかと苦慮している。この問題はライプニッツにとって、かりに物理的接触をもって対象性の基準とする場合でも尾を引くことになる。つまり「鎖をなすように組み合わさったいくつかの輪は、ばらばらにできるにはどこかが開いていなくてはならないとしたら、同じようになぜ一つの純粋な実体を構成しなければならないのか？」（1989, 89、同、二六九頁）。単位＝統一についてのわれわれの基準である公式の手順を踏む以上の策はない。なぜなら「同じ平面で組み合わされる諸部分が、そうした接触以上に一つの真の実体を構成するのに適しているとすれば、オランダ東インド会社の構成員《オフィサー》たちはことごとく、積まれた石以上の一つの実在する実体をなすことになるだろう」（1989, 89、同、二六九頁）。

ライプニッツはこの最後の点を背理法 reductio ad absurdum による証明と解している。一つの実体としてのオランダ東インド会社という考え方が、あまりにもあからさまにバカげているので、誰もついぞまともにはとりあわないとでもいうように。しかし、この対象の単一性こそ、わたしの議論で擁護したい点なのだ。オランダ東インド会社は、オランダ（低地諸国）では the *Vereenigde Oostindische Compagnie*（「連合東インド会社」"United East India Company"）として知られている。この名称は研究者たちにはおうおうにしてオランダ語の省略形でＶＯＣと略されるので、わたしもこの便利な慣行に倣いたい。この会社が公式に存在したのは一六〇二年から一七九五年であるが、こうした年代はいつもさしあたりのものと見るべきである。東南アジアにおけるヨーロッパの一列強として、オランダの前にはポルトガルの支配があり、後には英国の覇権の時代が続いた。ポルトガルじたいはマレーのスルタンの時代や地方の島嶼政府の時代に侵略したが、オランダと英国が去った後にはインドネシアとマレーシアがそれぞれ独立した。西欧の帝国が今日、議論されるさいには普通、搾取と支配という考えが誰の頭にも最初に浮かぶし、しばしばこの点だけが考慮されるようになっている。これから述べる内容では、どんな国も繰り返したくはないと思う不正や残酷さの例にいくつかふれることになる。しかし、こうしたヨーロッパの支配を誇張しすぎてもいけない。徳川幕府の日本（Clulow 2014）や特に清朝中国（Willis 2005）への西欧列強による覇権を賭けた侵略の失敗という例もあるし、さらにはVOCがまだ健在であった時代のアチェ Aceh（北方スマトラ）やジョーホール（マレー半島）のように、この地域のスルタン制の影響力が残っている場合もあるからである。

アムステルダムに拠点をおくVOCは世界初の株式会社であり、世界で最初に株取引をはじめた。それまでの香料を求める航海は投資家によってそのつど *ad hoc* 設立された会社によって行なわれ、いったん船が帰港しては解散していたのに対して、VOCは常備艦隊と、全員裕福とは限らない株主の長期にわたる連合を維持していた。東南アジアとオランダ（低地諸国）の距離、およびこの時代の遅い通信手段のため、VOCには独立した運営権限が与えられていた。ゆえにVOCは事実上、一個の主権国家として機能し、オランダそのものの名において戦争を遂行し、条約を批准し、しばしば過酷な正義を執行する権限をもっていた。VOCの成功と犯罪性の根底には、V

OCによる独占状態があった。独占は損失の多い海外での投機的事業を維持できるよう価格を高額にしておくために必要だった。強面のVOC提督であるヤン・ピーテルスゾーン・クーンであれば、オランダ共和国の存続のためには、この独占によって他のヨーロッパ列強を最も苛烈な仕方で排除する必要があると説くことだろう（Brown 2009, 33）。そのうえクーンの見立てによると、さらにアジア内部のスパイス貿易までオランダの独占は課せられなければならないということになる。これによって東インドの人々はもっぱらVOCとのみ協定を結び、その結果アラブや中国、インドの商人たちとの長年にわたる提携を破棄したため、彼らは危険な密輸取引に陥る羽目になった。VOCは現地の人々を強制的に自らの活動に都合のよい場所に移して植民させ、多くを公然と奴隷として酷使し、スパイスがVOC統括下の土地でしか生育できないように膨大な樹々を伐採した。

読者にVOCをいきいきと描き出すには、ある程度、歴史の細部を記すべきだが、本書は歴史書ではない。歴史家は過去に実際に起こったことを特定しようと努めて文書やその他の資料を参照する。他にうまい言い回しが見つからないのだが、本書はVOCの歴史というより、VOCの存在論になっている。われわれの関心は、それによって何が生じたかということとは全く別に、起こったことよりも、まさにその場にあったかたちで様々に主要な役目を果たす存在者たちにある。歴史が小説の筋と似ているとしたら、存在論はむしろ小説の主要登場人物、人間であれ、企業であれ、あるいは無生物であれ、主人公たちをめぐる研究のようなものになる。ANTがつねづね「アクターをたどれ」と言うように、オブジェクト指向の理論も吠えない犬、あるいは寝ながら時おり吠える犬のあとを追うことに興味がある。ANTは、すでに出来上がったモノではなく、まさにモノがはじまろうとしている瞬間をとらえるべく議論をたどるよう促すが、われわれもモノにあって論争を含まない契機、論争よりも単純な成功や失敗の契機に関心がある。「新しい唯物論者」の仕組み（動的編成、作動配列 assemblages についての理論は、絶え間ない変化の状態にあるものとしてアクターを見ることを要求するが（Harman 2014b）、非唯物論の方法は大方の変化をうわべだけのものと見て、重要な変化は概ね共生の事例に見いだす。この共生という概念を手短に説明しなくてはならない。

普通の理解では、「対象《オブジェクト》」という語は、おうおうにして生きていないもの、持続的で人間以外のもの、あるいは物理的物質からなる存在者を意味する。非唯物論はこうした基準には反対であるということは見てきた。われわれは、ある一つの存在者は、その構成要素にも効果にも還元しえないかぎりで、ある対《オブジェクト》象として適っていると考えている。つまり、対象は掘りくずし（下方還元）や掘りあげ（上方還元）といった方法によって汲み尽くされないかぎり、そのように考える。もちろんこれらの方法も、それぞれにたびたび成果をもたらしているのだけれど。この光に照らして見ると、VOCの対象性（対象としてあること）は、どんなしかるべき懐疑からもはみ出ているように思われる。ただし、この場合、この会社の単一の名前が、同時並行の運営にもかかわらず、実際には三つ四つ独立してあったものを隠すために役立っていると主張できるまでの証拠をわれわれはつねに受け入れていなければならない。VOCの強力な艦隊における艦船のそれぞれはたしかに一つの対《オブジェクト》象として考えることができるが、この艦隊は個々の船のただの集積ということには決してならないし、個々の船が厚板や航海用具の集積にすぎないというのでもない。われわれが「対象」と呼ぶものに対応する用語である実在的仕組みを同定するためにデランダが用意した便利な基準をVOCは満たしている。（1）VOCはその部分に対して事後的にふりかえることのできる効果を明らかに有している。つまり、従業員の生活や経歴を変え、島民を奴隷に落しめ、アジア各地の領土の再開発や要塞化を招き、これまでにない都市に／からスパイスを流通させること。（2）VOCはちょうど新しい部分を明らかに生み出している。つまり、その必要に応じて特別に秩序づけられ企図された艦隊、新しい交易拠点、会社の紋章を印した新たなコインといった諸部分。（3）VOCにはその構成要素には見いだせない創発的な属性もある。個別に見ていけば、VOCの多くの兵士や艦船は英国の海運やモルッカ諸島の村民にほとんど脅威にならなかっただろう。だが、いったん組織されれば、統一体としてのVOCは恐ろしく、しばしば執念深い戦争機械となる。しかし、VOCが後に残す効果や新しい部分、目に見える創発的な属性などは、ある一つの対象が現にあるということ、また何ものも対象性にとっての必須条件 *sine qua non* ではないということをわれわれは強調しなければならない。さしあたりVOCはその諸部分に対する諸効果の総和と等価ではない。なぜなら、VOCはつねに別の効果をもたらすかもしれないし、もしくはこれらの部分に何の帰結もおよぼさないかもしれない。第二に、ある新しい対象は、目にふれ識別できる新しい属性が全くなくても存在しうる。つまりこの対象はわたしが「眠れる対象」dormant objects（Harman 2010b）と呼ぶ事例において際立って現れることもあれば、全く何ものにもはたらきかけず、一時的な状態だろうと恒常的状態であろうと、その如何にかかわらず存在することもある。

7　共生について

オブジェクト指向哲学は実在論の立場をとるので、あらゆる種類の対象を、その諸関係や効果に先立って存在するものと見ている。アテローム性動脈硬化症や結核は、最初にこれらの病気が存在すると記録する医学的実践のうちで無から *ex nihilo* 生み出されるのではない。そうではなく、治療において出会うこれらの疾病は、何らかの純粋に先行する存在者たち、われわれの経験が程度の違いはあるにせようまく翻訳している存在者たちを作りかえている。さもなくば、われわれは「内在的」な存在論のうちにあることになり、そうすることであからさまに観念論の立場におちいることになる。変化をもたらすことができるが、まだ表現されていない余剰部分など、この世界にはないということになる。モルが「アテローム性動脈硬化症」を疾病そのものとしてではなく、特定の診断行為の相関項としてあつかう場合、疾病の存在を記録する実践と離れてそうした対象は存在しない、つまり誤診という事例においてのみ起こることなどありえないという意味で、この点をそのまま受けいれることはありえない（モルは明らかにそう言いたいのだが）。むしろ、それは新しい複合的対象（医師プラス疾病）が様々な部分（病気）のうちから一つの名を与えられるさいの提喩法と見るべきである。このようにしてわれわれは、対象《オブジェクト》に人間がおよぼす諸効果を正しくあつかい、どれほどうつろいやすくても、そうした諸関係を新しい対象としてあつかうことによって対象《オブジェクト》に向かう。われわれがしてはならないのは、あたかも疾患は人間の医療従事者に事後的に見いだされる相方としてのみ存在するとでもいうように、疾病についてのあらゆる語りを権利上、無効にして追いやってしまうことである。

いったん彼／彼女の治療行為においてアテローム性動脈硬化症が看破されれば、あらためて医師がひとりでに存在するようになるはずだと主張すればおかしなことになる。また疾病そのものは人間がそれを感知するときにはじめて生まれると考えることも同じくらい奇妙なことと考えるべきである。ラトゥールによるわかりやすい見方をとると、パスツールが診断時から進める大いに異なった生の経路のゆえに、パスツールと微生物は互いに共＝創造しあっていると主張するという危険をラトゥールはしばしば犯すことになる。このとき、ラトゥールはこの主張をするにあたってパスツールの経歴における決定的に重要な局面を選んでおり——この極端な主張はラトゥールの関係論的な存在論においても同様に暗に含意されているにせよ——パスツールと彼の剃刀やドアノブが毎朝、互いに創造しあっているなどとはいささかも論じていないという点は偶然ではない。あらゆる諸関係がひとしく重要であるとすれば、あらゆる存在者はその存在のあらゆる些細な瞬間において新しいモノに生成するだろう。なぜなら、諸対象とわれわれの関係はたえまなく動いているからである。だが、全ての関係がひとしく重要なのではなく、重要と見なされるものに対する恣意的で外的な基準——たとえば「人間の実践にとって意味がある」というふうに——を用いるようになるとわれわれに同意する者がいれば、今述べたことは同じく疑わしいことになる。あらゆる激変をもたらす、それでいてとるに足りない出来事を、ある対象の生においてひとしなみに決定的であるととる愚を犯したくないなら、われわれにはある基準が、ある対象の実在＝現実性そのものを変形する、どちらかと言えば稀な出来事を取り除けておけるような基準が必要とされる。

いかなる関係もその関係項に対して重要であるとみなすとすれば、いかなる契機もそこではまさに他と並んで同じように重要とされる「漸進主義的」存在論の立場に嵌ることになる。進化論的な生物学において、いきすぎた漸進主義に抗うすぐれたやり方の一つは、断続平衡 punctuated equilibrium の理論である(Eldredge & Gould 1972)。様々な種はランダムな遺伝的変異や、弱めの個体の若干高めの死亡率を通して徐々に進化するのではなく、つまり進化は突然の飛躍、相対的な安定性をもった比較的長い期間にわたって散発する飛躍を通しておこる。この点は非唯物論の理論にとって良い出発点になる。しかし、断続平衡の含意は、われわれの目的からするとまだあまりにも出来事に寄りすぎているように見えるかもしれない。というのも、様々な種における突然の変化は、大規模な地殻変動のような環境の変化から主に生じたものとして、たとえば恐竜を絶滅させたかもしれない名高いユカタン小惑星による変動のようにして生じているかもしれないからである。したがって、われわれにとってよりよいモデルは、リン・マーグリス(リン・セーガンとして知られている)の連続細胞内共生説 Serial Endosymbiosis Theory のうちに見いだせる。マーグリスは、以下のような理論の指導的な提唱者である。この理論によれば、真核生物の細胞内の小器官《オルガネラ》は、のちに統一した細胞に従属する構成要素になる前にひとまず独立した生き物であるとされる

(Sagan 1967; Margulis 1999)。この理論は生物学の教科書で正式に記されるまで当初は真面目にとられず、拒まれていたのだが、その焦点の一つは以下のような主張につきる。つまり、自然淘汰を通して遺伝子プールが漸進的に形成されるためには、進化をうながす力よりも、別々の有機体＝生物どうしが出会う分岐点 watershed における共生の方が重要である、というものだ。この考えには、たとえば、人の一生の場合のように、進化論的な生物学の範囲をこえた明白な価値がある。人の一生で要となる様々な契機は、何者も足を踏み入れることのない小部屋に内向きに閉じこもったまま孵化するように生じることなどおよそないということを、われわれは知っている。むしろ、そうした契機は一人の個人、一つの職業、制度、都市、好みの著者、宗教などとの共生を通して、あるいは他の何か生涯を通じて変わるつながりにおいて最もよく生じるものである。誰か個人の頭のなかで大事件が起こるような場合ですら、こうした契機はこの先、身を任せる重要な考えや決定との共生のかたちをとる。語源としては共にはたらくという響きがあるにもかかわらず、共生はおうおうにして非相互的である。たとえば、わたし自身の人生における転回点としての二〇〇〇年のカイロへの移住を、わたしの到来によってエジプトの名高い首都が新しい段階に入った、などといった自己愛的な妄想にかられることなく了解するのに何の造作もない。いずれにせよ、他の社会的対象と同様に、人間には一つの人生も多くの人生もなく、継起するいくつかの人生がある。

この共生のモデルが示唆することは、ありがちな選択肢がどちらも間違っているということだ。つまり、様々な存在者には永遠という性質もなければ、時間そのものの流れを移し変え、そこに見え隠れする様々な「遂行的」同一性をもった唯名論的な流れもないということである。むしろ、その生の軌跡においていくつかの――だが多くのではない――転回点をくぐり抜けるような対象についてわれわれは考えなければならない。こうした転回点のうちには、ざっと見ても大きな戦争や圧政の増進、あるいは愛のような、歴史的に目立つことがらもある。しかし、こうした喧しい様々の出来事も決定的なものとは証されないし、また共生は、その影響が環境に効果を及ぼすまでは、短期もしくは長期の遅延とともにひそかに生じるといって差し支えない。このことは力点を行為体や行為＝活動から移し変えつつ、対象が活動していないさいにも対象を真面目にとりあげるための新たな道具を提供する。アラン・バディウの哲学が人口に膾炙した魅力の一端は、出来事は相対的にまれである（Badiou 2006）という揺るぎない彼の直観に由来する。しかし、キルケゴールやサルトルから取り入れた実存主義の成分を保ったまま、これらの出来事を人間の主体による忠誠に一方的に根づかせすぎているという点では、バディウは近代主義者にして観念論者である。これに対して、共生をもたらす変化はつねに人間の〔真理への〕献身の問題とはかぎらないということをわれわれは認めなければならない。なぜなら、この変化は、恋愛関係や宗教的回心、政治的革命、あるいはどうにも後戻りできないかたちで参入した企業合弁などに忠実ではいられない怠惰な賭け手にもはたらきかけるからである。運動の恒常的な流れを運動の名において支持する――彼はこれを当然、無益なことと斥けるが――のではなく、歴史を量子論的に考えようとするバディウの望みを、われわれは依然として評価できる。しかし、非唯物論はこう主張する。つまり、ある消え去った出来事の重要性に向けてバディウが提起する人間的な賭けは、様々な存在者の生における転回点にとって最上の判断基準ではない、と。そうではなく、共生がおこるさいに主体が明晰であれ、多幸的、決意的、ないし英雄的であれ、純粋に後戻りのきかない点をしるすような共生を探さなければならない。読者はわたしの「共生」という言葉の使い方が、ジル・ドゥルーズによるそれとどのように異なるのかと思うかもしれない。パルネとの対話ではドゥルーズの次のような発言が読める。「「仕組み」（動的編成＝作動配列 assemblage）の唯一の単位とは共＝機能作用のそれであり、〈共感〉であり、共生である」（邦訳・河出文庫、九二頁）。「重要なのは親子関係では決してなく、同盟関係と合金関係である。それは遺伝、子孫ではなく、伝染、疾病、風である」（邦訳一一九頁）（Deleuze & Parnet 2002, 69）。ドゥルーズが共生という言葉で実際に言おうとしていることが何であれ、この文からすると、彼がＯＯＯが言う場合よりも広い意味あいで語っていることは明らかである。あらゆる同盟関係や合金関係（伝染、疾病、風には言及しないにせよ）が共生と数えるに足るにしても、この大事な局面でドゥルーズは力にならない。というのも、この「共生」という語にわれわれがこめた狙いは、ＡＮＴによって広くいきわたった様々な関係の概念を切りつめることにあるからである。その代わり、われわれは、識別できる相互影響にただ帰結するのではなく、その様々な関係項 relata のうちの一つの実在性を変える、特別なタイプの関係のことを話題にしているからである。

わたしは非唯物論の理論の中心概念としての共生について語っているが、ある対象の生における個々の新たな共生が、ある一つの活動段階 stage を生じさせる、ということも言おうとしてきた。デランダが自然科学から「相転移」phase-changeという語を借用するさい、すでに彼が別の意味で使っている「位相」より、われわれはこの活動段階という語を用いたい。ある乱雑な出来事が共生と取り違えられるような偽の共生、またバディウがうまく理論化できずにいた「偽の出来事」(Badiou 2006) という考えにやや似た偽の共生というものがある。ここでさらに重要なことは、共生そのものの概念にはっきり見てとれる両義性である。マーグリスはこの用語を完全にできあがった新しい種の創発を語るために用いている。これと違って見える仕方で、非唯物論は、ある新しい対象の創造ではなくて、同じ対象の生における有限数の別々の位相を開くカギとして共生をもちだす。共生という概念がなければ、われわれは以下の三つの望ましからぬ結果のうちの一つに哲学的に煩わされることになる。(1) そこではあらゆる要素が、どれほど重要であろうと些細なものであろうと劇的に等価であるような、ある対象の生についての漸進主義的な説明。(2) ある対象における取るに足りない位相と重要な位相の違いを受け入れる非漸進主義のモデル。ただし、これはこれらの変化が外部にある諸対象にどれほどの効果をおよぼすかについての外的な基準を用いることによってのみ可能となる。(3) VOCにおける個々の位相を生まれたての対象と見なす共生についての代替的な理論、これによって対象の生における個々に区別された段階を据えようとするいかなる努力も排除され、われわれは個々の対象について（1）か（2）の立場を狭い範囲で用いるように押し戻される。

もし共生の舞台が一つの同じ対象の生における個々に分離した位相を意味しているというのなら、もちろんこれらの位相は対象の創生と消滅とは区別されなければならない。さしあたり活動段階に焦点をあてるために、VOCの公式の発足と終焉の時期をとりあえずおさえておこう。VOCの誕生は、オランダのスパイス交易の自律した独占として、会社が公式に設立された一六〇二年に見いだされるように思えるし、その消滅は、まだ成立間もないナポレオンの統治下、オランダ政府によってVOCの国有化がなされた一七九五年後半に見ることができるのは間違いない。われわれは今や、この会社の暫定的な創生と消滅の間に生じた主要な諸段階を規定しなければならない。ここではANTも「新しい唯物論」も役に立たない。というのも、その行為＝活動とは別の対象《オブジェクト》としてのVOCと、時間のうちでVOCの存在がはっきり「塊をなすような」chunky 時間区分の双方をわれわれは探しているからである。

8 総督クーン

二〇世紀に繰り返し登場した知的修辞の一つに、モノは活動に、静的な状態は動的な過程《プロセス》に、名詞は動詞に換えられなければならないという考えがある。ベルグソンやジェイムズから、ホワイトヘッド、ダイナミックに読まれたさいのハイデッガーを通し、さらに近年のドゥルーズの流行にいたるまでずっと、「生成」becoming は刷新を好む者にはいつでも使える切り札として崇められる一方で、「存在」being は旧時代の昔ながらの哲学に逆戻りするまぬけな身ぶりと悪し様に言われている。OOOはこれとは反対の原則を強調するのを選ぶ。つまり、生成が間違いにつながるからではなく、移り行く過程《プロセス》は、この過程から外れた何かがなければ生じえないからである。少なくない著者たちが――ブライアント（Bryant 2014, 17）を含め――「モノは何をなしうるか」ということが「それは何であるか」という問いよりも重要であるという考えをいまだ後生大事に抱えこんでいる。「できる」という語を強調するなら、「あるモノは何をすることができるか」という言い回しは、少なくとも、存在者とは「それが実際に行なっていること」にすぎないという理屈を越える一歩になる。言い換えれば、アリストテレスが潜勢力の概念によってメガラ派をのり越えたときの一歩に似ているのだ。しかし、ここでいわれる進展もまた、モノがその周囲に対して結局、どんなたぐいの衝撃を与え、あるいは与えるかもしれないという点をのぞいて、何の問題もないと決めこんだままである。これはいくつかの――存在論的問題を措定するのみならず、方法論的帰結ももたらすような――仕方で対象に対するわれわれの見方を曖昧にしかねない。たとえば、VOCを「何であるか」よりも「何ができるか」から成り立っているものと解釈しそこなえば、われわれは、VOCが存続する間、誰の目も引くような出来事に過剰反応しがちになるだろう。というのも、そうした出来事は、あるモノが準備できる「すること」の最もいきいきとした例であるからだ。もっとはっきり言えば、「VOCができること」をめぐる顕著な点と目立たない点について仮のリストをどれだけ作っても、大きな儀式や戦闘、婚姻、条約、虐殺、併合、発見を強調しすぎることになりそうである。われわれの探し求めるものが、この会社が最大限に歴史に影響力をふるう契機であるとすれば、これは正しい戦略である。しかし、われわれはここで、幸運であったり、不運であったりする多様な対象にとって重要なＶＯＣのあらゆる事件に関心があるのではなく、ＶＯＣそのものにとって重要であったものに関心がある。

たしかに共生は、いったん生ずれば動詞で記述されるが、この概念の核心は言語的には名詞で表現される二つの対象の接続にある。ちょうど転がるボールをとらえるように「名詞は人称、場所、モノである」という、昔、小学校で習った分類をさしあたり使ってみよう。この区別は全く恣意的なものなのか、われわれにとって本当に知的な仕事のできるしっかりした基礎づけがここにあるかどうかは今のところは考えずに、この分類を援用しよう。この点で、われわれはＶＯＣについて手もちの情報をただ整理しているだけである。昔からの順番でやるなら、名詞の「人称」型からはじめよう。人文学や社会科学では、おうおうにして人々の役割をめぐる議論は偉大な諸個人や集団における切れ切れのチームワークを通して、われわれが劇的な寄与を明示するかどうか、という問題にかかっている。どちらの側を選ぶかということは、特にたまたま話そうとしているのが誰であれ、しばしばエリート主義的ないし平等主義的な政治的衝動と暗黙のうちに相関しているように見える。問題はこうだ。つまり、われわれが歴史を思考しているかどうかは、個人と集団を巡って問われているが、どちらの結果を選んでも、人々の人間中心主義的傾向に向きあうことになる。非唯物論はむしろ、対象というコインで取引をする。またこれによってしばしば、人間にとって様々に異なった経歴を、基礎となる対象への別の応答として見ることができるようになる。たとえば、ヨーロッパの重要な哲学者たちは、よく三人か四人かたまって登場する。どうやらこれは、人間の遺伝的な資質が歴史の特定の時代に課せられるからではなく、むしろ、ある時代をとらえる新しい基本的な考えを明確なかたちにするのに複数のやり方があるからではないか。このようにして、諸個人も集団も、自らが結びついている様々な対象ほど重要ではないことになる。

しかし、OOOについてはよく次のような間違った思いこみがある。曰く、OOOは対象に焦点を絞るゆえに、人間を排除し、消滅させることによって当の対象にいたるに違いない、と。OOOに寄せられる誤解をはらんだ疑問の多くが、この同じ間違った思いこみにもとづいている。「人間がいないとしたら、芸術はどんなことになってしまうのか?」「人間がいない建築とはどんなものに見えるだろう?」と。問題は所与の状況から人間を差し引く *subtract* こと／ではなく、人間とはただ外部から注視する特権的な観察者というより、人間自身、ある共生における構成要素であるということなのだ。人間自身が対象であるということ、また人間は、自分がいる時間と場所の単なる産物であるのではなく、自分が直面するどんな境遇に対しても抗えば抗うほど、対象と同じように人間はより豊かに、また意義ある存在になるということ、われわれはこうした点を忘れてはいけない。こうした理由で、共生を考えるさいにＶＯＣの歴史における際立った個人を探すところからはじめてもいいだろう。このことは、あたかもロマン主義から生まれたものは何でもそもそも間違っていたかのように、歴史における「偉人」をめぐる議論や「天才についてのロマン主義的概念」の喪失を嘆く流儀に沿わなくてもできる。近年の研究動向は、王や船長、彼らの間の様々な条約、戦争をめぐっての従来どおりのトップダウンの説明よりも、日常生活やゆるやかな集団的達成についての研究に焦点をあてており、そこでは進歩派の民主政治がまさに必要とするような、しばしば表には出されない想定がなされている。そして実際、オランダ東インド会社のような一つの対象《オブジェクト》は、かりにオランダに見られる一定の集合的な特徴がなければとうてい存在しえなかったことは間違いない。すなわちオランダ人のもつずばぬけた航海と造船の技術、スペインの前統治者によって生まれた新しい国家に対する現実的な脅威、歴史上のこの時点でのオランダ人民が体現していた全体としての、個的かつ民族的な志気の高まりなどの要因があげられる。しかし、こうした要因がVOCの創生にとって決定的である一方、ここでわれわれはVOCの共生を通した変容 symbiotic transformation について語っている。共生は、広い意味での集合的属性ではなく、所与の個体の特異性に容易につながる偶然の要素をはらんでいる。別の言い方をすると、新しい段階につながる直近の源は、ある組織や国家の統計的標準よりも、一個人の、その人にしか通じない特異《イディオシンクラティック》な見方や意志にしばしば結びついているからこそ、われわれは顕著な個人を探すところからはじめなければならなくなる。なぜならそれらは一般に現状 status quo を変える直接の原因や媒介要因よりも現状にあらかじめ繰り込まれている背景となる条件のうちにあるからである。

　VOCの歴史をくまなく探究してみると、最も目立つ人物は明らかにヤン・ピートルスゾーン・クーン（1587-1629）である。今日でも彼は帝国主義の典型的悪役に数えられる（Brown 2009, 9-55）。厳格なカルヴァン主義的敬虔の雰囲気のなか、強奪と虐殺をあえてする者として知られ、残虐な野心家としてのクーンは、アムステルダムに住んだ短い合間をはさんで、二期（1618-23, 1627-9）にわたってＶＯＣの総督を務めた。スティーヴン・Ｒ・ブラウンの言によると、「クーンは、激烈な暴力の行使はＶＯＣが繁栄するための唯一の道であると信じていた」。会計士として訓練を受けた彼は、すぐれた戦術家にして容赦なき強者と知られていた（Brown 2009, 31）。クーンの経歴におけるいくつかの劇的な事件については、以下の十二項目が、どの伝記作家にとっても最も注目にあたいする事例となっているようだ。

○１６０９：若きクーンは、独占交易に対するＶＯＣの受け入れがたい要求に続いて起こった、バンダのスパイス諸島の住民によるピートルス・フェアホーヘン提督と、他のＶＯＣの職員に対する奇襲と虐殺に居合わせた。

○１６１３：クーンは、アンボンのスパイス諸島への襲撃に、英国人はそこにとどまる権利がないと勧告することによって、イギリス東インド会社（ＥＩＣ）のジョン・ジューールダン司令官と代わった。

〇1614：クーンは、その悪名高い『インド国家論』Discourse on the State of India を著す。この本は東インド交易におけるVOCの全面的独占についての概観を示している。この本の暗い政治的意味あいゆえに、リベラルなアムステルダム側の懸念にもかかわらず、この論は、受け取り方の違いはあれ、この会社の新しい青写真として見られている。

〇1616：クーンはアイのスパイス諸島にあるEICの駐屯地を威嚇し、近隣のルンRun諸島を保有するイギリス人たちもろとも彼らを追い出し、この島のVOCによる征服を容易にした。

〇1618：上官の退任にともない、クーンは三一歳にしてVOC総督に昇進した。オランダと英国の将兵は、両者の交易場であったジャワ北西のバンテンの市街戦で闘う。クーンは、およそ五〇マイルほど東のジャヤカルタ（ジャカルタ）のVOC本部に移動する。

○１６１９：クーンはジャヤカルタの英国の交易地の焼き討ちを命じる。トーマス・デイル卿に指揮されたＥＩＣの一艦隊がこの都市を封鎖、これによってはげしい海戦がおこり、当初は英国が優勢となる。クーンはジャヤカルタの将兵に彼の地の維持を命じてから、自分の船で東方に逃げる。デイルはクーンを追わず、すぐさま艦隊をインドに向ける。ほどなくクーンは帰還し、ジャヤカルタ全体を強襲する。クーンはそこにあるオランダの要塞にちなんで、その地をバタヴィアと命名する。アムステルダムのＶＯＣにより、ＥＩＣはＶＯＣにスパイス交易の三分の二を保証し、すでに敗北していたＥＩＣに残りの三分の一を認めるという新しい休戦協定を遵守するように命じられ、クーンは激昂する。

○１６２１：クーンは一二年前のフェアホーヘン一党の虐殺に対する復讐のためバンダに復帰する。到着前に、クーンはＶＯＣと島民たちの間の和平を申し出る一人の英国人とそりが合わず、突き放す。クーンには、日本人の傭兵にひどい拷問を受け、処刑されたバンダにおける四五人の先達がおり、ＶＯＣにおける彼自身の部下たちの無念がたまっていた。生き残ったほとんどのバンダ人は一斉に集められ、奴隷として売られるべくバタヴィアに船で送られる。

◯1623：クーンの施策は、VOCの管轄区域の外にある全てのナツメグを根絶することであり、バンダ諸島を独占的なプランテーション体制に転ずることにある。このプランテーションは奴隷によって維持され、VOCに安い固定価格で売るオランダの農園主に監督される。

◯1623：クーンは総督としての第一期を終える。アムステルダムに発つ前、クーンはアンボンにいる彼の副官、ハーマン・ファン・スペウルトに、英国人が多少この地に現れても目をつぶるように助言する。すぐに自分の仕事が気に入り、ファン・スペウルトは陰謀があると主張する。彼は多くの英国人、日本人、ポルトガル人に残虐な拷問や処刑を行なう。そこには彼がよくディナーをともにする英国人司令官ガブリエル・タワーソンもふくまれる。この事件はVOCとEICの一六一九年の連合協定を終わらせる。こうして数十年にわたってヨーロッパにおけるVOCの評判を損なうことになる。

○1627：クーンは総督としての二期目の任期のためにバタヴィアに到着する。そしてスルタン・アグングのマタラム帝国の勃興による長期の包囲に耐えぬく。

○1628：スルタン・アグングの攻撃が再開、今回は圧倒的な武力をともなっていた。しかし、クーンはマタラムの穀物輸送用の艀を破壊するために海軍の精鋭を送る。このためにアグング軍は飢えに苦しみ、敗北する。

○1629：サールチェ・スペックスというクーンの一二歳になる蘭日混血の部下（同僚の娘）が、一五歳のオランダ兵士との不法な性行為の最中に捕らえられる。はじめクーンは兵士の斬首をもって彼女の受難に報いたのちに、サールチェも公開の鞭打ちに処される。クーンはバタヴィアで赤痢かコレラに罹って四二歳で死ぬ。後任の総督には、そこにいた全ての人間から、サールチェの父であるジャック・スペックスが選ばれて代わる。

ここにはさらに関心と失望をともどもにかき立てるものがある。われわれが様々な行為＝活動に、つまり「クーンがすること」や「ＶＯＣがすること」に「それらが何であるか」より以上に焦点を当てるとすれば、これらの事件はことごとく甚大な重要性を帯びるし、またそのほとんどは誰かの人生の、またある地の歴史における転回点と数えられるだろう。しかし、ここでわれわれは個人としてのクーンよりもＶＯＣに関心がある。つまりいろいろな事件に責任のある一つのアクターよりも、共生を通して活動段階を変化させる一つの対象としてのＶＯＣに関心がある。この光に照らしてみると、このリストのうち三つの項目が、共生と呼ぶのにふさわしい候補となるように思える。うち二つは場所に関わり、ゆえに次の節のためにとっておく。三つとは一六一九年、ＶＯＣの地方首都としてのバタヴィアの設立と、一六二三年のアンボンの虐殺と、これによるスパイス諸島全体におけるこの会社の覇権の確立である。

だが、ここではもう一つのありうる共生の契機に焦点を当てよう。一六一四年、ＶＯＣの理事である、かの「一七人会」Heeren XVII にクーンの『インド国家論』Discourse on the State of India は献辞されている。さらに、この論のほんの一部しかわれわれの関心を引かない。この論のいくつかの部分は、他のヨーロッパ列強に対するオランダの国家としての安全保障にふれている。スペインとポルトガルはオランダの政治的独立を抑圧しようと力を注いでいたので、彼らにはいかなる慈悲もないと言われた。こうしてクーンは、東インド諸島においてポルトガルに領有されたままの区域だけでなく、フィリピンのスペイン人たちにも正当な攻撃ができると考えた。VOCによるスパイスのヨーロッパの独占を固めるため、英国にはこの地域での交易も禁じられなければならない。ここに真新しいところは何もない。フェアホーヘンとその部下たちは一六〇九年に虐殺されたが、それはひとえに彼らがバンダにおけるスパイス交易の独占を強めようと欲したからだった。一六〇二年にさかのぼっても、ウォルヘルト・ハーメンスゾーン艦長はネイラのスパイス諸島との独占契約を強化しようとしていた。これによって、こうした諸島の住民に、アラブや中国、ジャヴァなどの伝統的な取引相手との交易を阻もうとしたのだった。こうした取引相手はみな、オランダよりもずっと有益な品物を提供していたのだ（Brown 2009, 11-12)。しかしクーンの議論はもっと体系的な計画を提示していた。ブラウンはこう述べている。

「それはバカげたほどに野心的な、視野の広さでも魅力的なヴィジョンだった。

ＶＯＣは、はっきりは特定されていないが、ぞっとしない部分は見過ごして夢中にさせるような図式を用意し、その安泰のために暴力を要した。今や彼らはヨーロッパ／アジア間の交易のみならず、アジアの諸島間での航海も支配することを夢見ていたのだ」（Brown 2009, 34）。

ハーメンスゾーンはこれとほとんど似た図式にふれていたが、東インド全体の全ての地方交易について系統だった計画は主張していなかったし、実際にネイラの住民たちはハーメンスゾーンからの偏狭な要求に決して真面目に取り合うことはなかった。ＶＯＣを変容させた共生はクーンの論考における合併＝連合にあり、それによってこの会社はオランダによる自律した独占交易から半ば植民地主義的な強奪の仕かけへの変化を遂げた。独立したばかりのオランダが直面しかねない現実的な脅威によって、ＶＯＣによる過激な側面は合理化されたのだ。

なぜ最初の共生を、おぞましいバンダの虐殺と奴隷化のさいにこの協定が定められた一六二一年でなく、一六一四年ということにするのか？　それは、これらの残虐行為が世界に向けて、新しい会社の設立よりも、その実力をもって新しいＶＯＣを宣言していたからである。もしＶＯＣがクーンの論説をはねのけていたら、彼はまだフェアホーフェンの亡霊の名のもとにバンダに対する復讐戦を仕掛けていたかもしれない。しかし、それはＶＯＣの新たなありようを表すことなく、その評判を落としかねない血塗れの恥ずべき一度限りの事件となっていただろう。ある対象は存在するために行動するのではなく、行動するために存在するのだから、あらゆる対象にはまわりの環境に対して最初にはっきり表れる効果に先立つ、多かれ少なかれ眠っている状態、*dormancy* の期間がある。ある対象や局面が生まれると、それが何か外の対象と関係する前にはずれがある。眠れる対象はまさに現前している対象だが、他の対象に効果をおよぼすことはなく、少なくとも今のところはない。

　いずれにせよ、ＶＯＣを様々な効果をおよぼすアクターとまず見るのではなく、その行為＝活動を実在＝現実に対する余波としてまず見なければならない。ＶＯＣはそれがするところのものではなく、すこぶる評判の悪い「そのようにあるもの」であり、これは二つ目の掘り重ね（二重還元）の原則である「それは何でできているか」と混同されてはならない。クーンによって新しくなったＶＯＣの様々な活動が周囲の近隣勢力にとってどれほど容易ならざるものであったとしても、一六一四年のＶＯＣの立場では、それらもただの事件にすぎず、古典哲学で言うところの偶有事 *accidents* にほかならなかった。この眠れるＶＯＣを価値のない「もの自体」として、あるいはもっぱらＶＯＣが実際にふるった影響力にしか当たらないものとないがしろにすることは、ただ勝利のみが事態を決定する――これはちょうど一九九〇年代以前のホッブズ流のＡＮＴのようだ――という、ホイッグ風の歴史観に屈することになる。どんな歴史の瞬間にも、ただ勝者と敗者がいるだけではなく、そこにはやはりまだ勝つかどうかわからない勝者や、負けるかどうかわからない敗者がいる。東インドをめぐる存在論もこの点を考慮に入れなければならない。何よりもまずこの段階で見るべきはＥＩＣ（イギリス東インド会社）である。ＶＯＣよりも二年早く設立されたにもかかわらず、ＥＩＣはこの時点でより弱い対象であった。その理由の一端は、ＥＩＣの抱える各々の船長が相対的に独立していたということがある。たとえば、デイルはクーンの撤退する艦隊を追い、殲滅しようとして名目上の配下を説得しそこなったさいにこのことを思い知った。アチェ、ジョーホール、バンテン、中国、日本などといった残存する列強は言うにおよばず、ジャヴァにおける大枠の勝利に酔い痴れたマタラム帝国と並んで、だんだんと人員も土地も失いつつあったものの、ポルトガル勢力も残存していた。エトルリア人に対するローマ人の、アメリカのトーリー派に対する革命派の、拒否されたセーヴル条約に対するアタチュルクの独立軍の勝利などのように、ある対象の他の対象に対する大いなる勝利を認識することしか歴史には選択肢がない。非唯物論の存在論は、敵や対象じたいを弱めたり、破壊したりする抗争よりも、ある対象の共生に重きをおく歴史から出発するのだ。

ここでの含意の一つは、出来事は対象に依存しており、その逆ではないということである。カソリックとプロテスタントの間での大規模な三十年戦争（1618-48）を背景に生じた一六一九年のオランダと英国の休戦協定について考えてみよう。あらゆる期待から、この協定は決定的な出来事として見られ、クーンによる拡張主義のＶＯＣの早すぎる消滅 childhood death としても数えられるべきだろう。わずか五年前、あのクーンの邪悪な著作に魅了されていたので、ＶＯＣの理事たちはヨーロッパにおける政治状況のゆえに、すでに負かしていた英国にオランダのスパイス交易の三分の一を突然、譲り渡そうとしたのだった。この新しい情勢にクーンはあっさり屈していたかもしれないし、自分の経歴はアムステルダムからの指令にしたがうことで、よりよく維持できると素直に決めていたかもしれない。この場合、自制したクーン、もしくは穏やかな新しい総督に導かれた和平協定による共生を通して新しい非クーン型のＶＯＣが生まれることによって、クーンのＶＯＣは消滅しているかもしれない。代わりにありそうなことは、こうだ。この時点でクーンが死んでいたか、辞めていたとしても、殺された叔父のジュリアス（シーザー）の通夜のさいに台頭したアウグスッスの場合のようにクーンの副官の一人が難局にあたり、クーンその人よりも強硬にこの休戦協定に逆らう路線をとっていたかもしれない。実際に起こったことは、クーンはこの協定を赤子のうちにひねりつぶし、提供できないとわかっていた英国からの軍事貢献を狡猾なやり口で求めたのだった。いったんバンダの人口が民族浄化をこうむり、特に英国人その他がアンボンで虐殺されると、和平協定という対象にもはや実効性は見こめず、クーンのＶＯＣは軸となる構成要素の一つの消滅、つまりクーンの死に際しても生き残ることができた。しかし、このような既成事実の創出は、諸対象の創生——というのも、これらの事実は勝つ、あるいは負ける、どのようになるにせよ、それ以前に生まれているに違いないから——に割り当てられるべきではなく、既存の対象と活動段階の間での生と死の闘争に当てられるに違いない。つまり、クーンのＶＯＣ、アムステルダムから見た休戦協定上のＶＯＣ、休戦協定上のＥＩＣ、さらにいくつかの村長やオラング・カヤ（首長の称号）に統治される独立したバンダ人との間の争いのことである。あらゆる対象は、はじめの生と死の闘争において「地に足のついた事実」を打ち立てなければならないので、ほとんどの場合、共生ははじまりの期間の終局に据えられ、比較的長続きできるキャラクターとの間で、ある対象が生きた活動をはじめるさいにおこることになる。出来事はどんな瞬間にも生じることはできず、ある対象の創生、あるいは新しい活動段階の余波なのである。

わけてもこのことは、なぜ共有される対象の歴史においては「偉大な諸個人」が早くから一かたまりで見いだされることが普通なのかを説明してくれる。というのも、共生のための機会は、ある対象とその競争相手が登場する時期に最も容易く訪れるからである。すでに述べたように、ヨーロッパの重要な哲学者は、ほとんどいつも三人か四人一緒になって登場する。アメリカ人は今日のぱっとしない政治家たちのことを嘆いている。今どきの政治家は、独立革命をみちびき、一七七五年と一七八七年の間に合衆国憲法を批准した一ダースほどの建国の父たちとは比べものにならない。フランスでは最も傑出した政治的英雄たちは、革命期ないしナポレオン期に雨後の筍のように登場している。ドイツの知的生活は、一七〇〇年代から一八〇〇年代の「疾風怒濤」やロマン主義、ドイツ観念論におそらく絶えず書きこまれており、カントやゲーテは、ドイツ精神史において二度と現われることのないJ・P・クーンなのだ。科学史家たちは、エルンスト・ラザフォードの「物理学の英雄時代」(Rhodes 1986, 157)、つまりプランク、アインシュタイン、ボーア、ハイゼンベルク、シュレディンガー、さらにラザースフェルド本人といった英雄たち、今日の科学者たちでもほとんど太刀打ちできない彼らの業績を褒めちぎっている。こうした瞠目すべき一群の人々が出てきたのは、卓越した精神的資質や時代の教育のゆえではなく、生まれたての対象が生存、繁栄するために、他の諸対象との共生を求めつつ一時的に発酵する期間であったからである。ここで考察している偉大な対象は、道徳的な意味で偉大というわけではないにせよ、クーンその人ではなくクーン的なVOCなのだった。たしかにVOCには、その歴史の様々な時点でクーンと同じくらい狡猾で冷酷な構成員が他にもいた。そうした人物たちに欠けていたのは、どうなるかわからない好機に適った期間であり、この会社にクーンがいなければ必ず欠けているはずのものは、クーンの東インド論と、イギリスとオランダに結ばれた一六一九年の和平協定に対するクーンの激烈な侮りである。この会社の実在＝現実そのものを変形した者はVOCの歴史上、クーンの他に誰もいない。歴史における「偶発性」を探すとすれば、それは好機としての出来事がいつでも歴史の方向を転換しかねないからではなく、ある対象の幼生期に力をふるう様々にありうる共生に対する感受性のためにほかならない。

9　バタヴィア、スパイス諸島、マラッカ

ＶＯＣの空間上の活動領域は膨大であり、その交易活動は今日のインドネシアはもとより、西ははるかイエメンやイラク、東は日本、台湾、フィリピン、カンボジアにいたるまで広がっていた。ＶＯＣは一六〇六年にオーストラリア、一六四二年にニュージーランドを発見し、そこに利益を生む価値ある富があれば、疑いなくこうした地域にまで交易を拡張していただろう。明らかに、ＶＯＣの地図上の全ての地点はひとしなみに重要だったのではない。物理的な地形に関する地理学は、諸個人の歴史に比べればつねに民主的ではないので、平等主義の熱にうかされてあらゆる場所が平等に創造されたなどと言い立てようという輩はいない。古代エジプトはナイルのおかげで、英国はヨーロッパの島国という位置ゆえの海軍力とリベラリズムのおかげで、フランスとドイツの力量は海よりも内陸にあることと、大陸内の危険な列強の真っ只中にい

るための堅固な国家体制のおかげで、これらの国々には群をぬく繁栄が約束されていたように見える。地勢による歴史解釈は長い間、政治における現実主義者《リアリスト》によって追求されてきたが、近年では『銃、病原菌、鉄』（1999、邦訳・草思社文庫）というジャレド・ダイアモンドの広く読まれている著作により、今一度、広く知られることになっている。しかし、ここでリストに入れた例は全て、何らかの人々の家郷に、したがってまた、そうした人々の創生の地理的な背景に属している。対照的に、ここでの関心は、東方での様々な拠点にしっかり足がかりを得る前にあらかじめアムステルダムに根ざした一つの会社がもっている様々な共生の方にある。

　東インドの地勢は魅力的かつ重要なので、ここで概略を述べるにあたいする。この地域への西洋によるアプローチは、アメリカのケンタッキー州のようなかたちをなし、北西から南東にのびるスマトラという大きな島の支配にある。スマトラ島の北西の尖端はアチェ、長らくヨーロッパ人の悩みの種であった帝国の本拠であり、島の西海岸には、より一般的には胡椒交易に重要な港が点在していた。島の他の二つの部分へのスマトラの近さは、将来、帝国たろうとするどの権力の区域にあっても二つの主要な要衝をなしていた。島の東側ではスマトラはマレー半島に近く、今日ではタイ、マレーシア、シンガポールの領土になっている。二つの島の間の狭い水域はマレー海峡と呼ばれ、その重要性がこの地におけるあらゆる勢力にとって明らかな都市にちなんで名づけられた。この都市はポルトガル人、オランダ人、英国人に順に長らく領有されていた。スマトラの南東の隅には、さらに短く狭いスンダ海峡がひかえ、クラカトアの恐ろしい火山島に接しており、アジアとヨーロッパの交易にとってもう一つの要衝となっている。スマトラから海峡を渡ると、ほぼロングアイランドのようなかたちをしたより小さなジャワ島があり、東西まっすぐの軸にそってアメリカンアイルのように延び、最後は今日、独立した東ティモールをなす長い群島に連なっている。マラッカ海峡の東はボルネオ島であり、拡大されたキプロスのように見えるが、今日では、北（マレーシアと小さなブルネイ）と南（インドネシア）の間でキプロスのように分断されている。ボルネオの東はインドネシアのスラウェシ島（以前はセレベス島）であり、人型で蛇かトカゲのような不気味なかたちにも見える。スラウェシから東方へ向かうとバンダ海に入り、さらにはスラウェシとニューギニアの間に散在する名高いスパイス諸島に接している。スパイス諸島には、南にはアンボン、北にはモルッカのような交易にとっては重要な場所が見いだされる。スパイス諸島から北に向かえば、フィリピンや台湾、日本にいたることになる。南にひかえるオーストラリアは、たまにしかない探検や難破の場合をのぞき、VOCにとってほとんど何の役目も果たさなかった。

こういった歴史上、魅力ある全ての場所から、特に三つの地点がVOCに重要な利害を占めていた。最初の地点はスパイス諸島であり、ナツメグとメイス(どちらも同じ果実から取れる)が採れる唯一の場所であった。この島々はクローヴの素晴らしい産地でもあり、独占交易に適した膨大な利益を生む品々をもたらしている。さほど独占の進んでいないクローヴでさえヨーロッパでは購買価格の二五倍で売ることができた(Burnet 2013, 109)。このおかげで、この島々は独占の完璧な標的となり、まだクーン以前のVOCでさえこれを念頭におき、VOCによる残酷劇の表舞台として目星をつけていた。スパイス諸島そのものは別として、最も大事な場所はスマトラ島沿いにある、すでにふれた二つの海峡、北のマラッカ海峡と南のスンダ海峡であった。ポルトガル人は一五一一年来、マラッカに定着していたので、はじめのうちオランダの駐留は別の場所に展開していた。たとえば、北方よりもスンダ海峡近くのジャワ島の西の端などである。一六四一年まではオランダはまだマラッカを領有するにはいたっておらず、ゆえに以前からのアラブと中国の交易ルートを単一のネットワークにつないでいた（Parthesius 2010, 165）。

　VOCの四番目の重要拠点に、この会社の本拠であるアムステルダムの名をあげる者もいるかもしれない。しかし、すでに述べたように、アムステルダムは地理的な根拠地としてVOCの背景をなすのだが、まさにそれゆえにアムステルダムはVOCの創生においてある役目を果たしている。ただし、それはVOCが変容した後期の共生においてではない。アムステルダムとVOCの結びつきは、いったんつながりができればVOCが変化しうるほど、この都市にとって密接なものである。この考え方は「弱いつながりの強さ」（Granovetter 1973）として社会学では長く知られている。合衆国やカナダに見られる、家族の一員どうしのような密接な結びつきは、経済的、文化的、さらには情動的な支えに確固とした基盤を与えている。だが、このつながりは安楽で、親密、親しみやすいものであるのと同程度に、リスク含みでも幸運な断絶点を生んだり、大きな前進をもたらすことはめったにない。アムステルダムはVOCがうまくいくように望むに違いないし、たしかに助言や指図をすることはできるし、VOCの遠隔地からの運営によって新しいつながりの組み合わせを確立するにあたり、アムステルダムは欠くべからざるものになっている。

(a) バタヴィア

右に述べた三つの主要な場所について、オランダ人はまず最初にスンダ海峡、とりわけジャヴァの北方海岸のバンテンというその後長く交易の中心になる地に到達した。これはＶＯＣの設立以前に、いわゆる会社のかたちをとる前の時期に起こったことだ。オランダ人による探検は、「傲岸かつ横暴な」コーネリス・デ・ホウトマンのもとで一五九六年にバンテンにいたる。彼の横暴な命令は、オランダ人をして東インドに悪しき足跡を残し、この地への二度目の探検のおり、予想に違わず彼は殺害された(Burnet 2013, 70)。オランダ人は栄えた港をバンテンに発見した。経済的には中国人に支配されていたものの、そこにはアビシニア人、アラブ人、ベンガル人、グジャラート人、スパイス諸島人、トルコ人、その他が多くいた。この街にポルトガル人が見られるようになって彼らの間のバランスは失われたが、オランダ人は、ＶＯＣが設立される前年の一六〇一年の初期の決定的な艦隊攻撃によってバンテンにおけるポルトガル人の勢いを削ぐことになる。

一六一八年、英国人がオランダの保護領から逃れたポルトガル人たちを庇護してから、オランダ人と英国人は、バンテン市街で小競り合いを起こしている。これによってクーンは、VOCには新たな本拠地が必要な時期だと考えるようになった。いくつか選択肢を検討してから、東方のジャヤカルタの若い王子を頼りとした。この王子はバンテンに対する従属的な地位を終わらせる手段としてオランダ人との連合を望み、自分の都市に彼らを迎え入れた。このことは、ジャヤカルタにおけるオランダの影響力をそれぞれ終わらせようとしていたバンテン人と英国人双方にとって脅威であった。こうした敵対関係は、一六一九年にトマス・デイル卿によるVOCに対する攻撃をもって頂点に達し、このこのち彼がクーンの艦隊を追跡し、掃討に失敗したことはすでに見た。クーンはジャヤカルタに戻り、最初はVOCを招き入れていた当の王子をどうにか打ち負かし、その城塞にちなんで、この街全体を「バタヴィア」——古代ローマにおける低地諸国の呼び名——と名づけたこともすでに述べた。クーンの総督二期目中にマタラム帝国による前述の攻城戦に抵抗してからは、VOCのバタヴィアは比較的、安全であった。わずか半世紀のち、賢明にもVOCは当のバンテンを征服しに戻ってくることができた。二年の戦争ののち、結局、この作戦は一六八四年まで続いた。その結果「この都市における英国、フランス、デンマークなどの交易所は閉鎖された」(Burnet 2013, 121)。こうしてかつての貴重なバンテンは保護領に格下げされ、バタヴィアはジャヴァにおいて権力が居座る場所となった。

(b) スパイス諸島

他よりも遅れてやって来たのに、オランダ人はスパイス諸島を征服した。ポルトガル人はこの島々をめぐる伝説に当初より魅了されており、一五一一年にマラッカを占領すると、翌年にはテルナテに出帆した。向い風のために到着できなかった代わりに彼らはバンダのスパイス諸島にたどり着き、異国のナツメグの樹に手が届いたことを大いに喜び、ほどなくこの地域に一通りの足場を得た。こうしてテルナテに要塞を築き、五〇年にわたり他より利益の多いリスボンへの輸送に取り組んだのち、ポルトガル人は密輸や地元の複雑な政治によって自分たちの独占利益に翳りがさしていることに気づいた。一五七〇年、彼らは、愚かにもこの地域のスルタンであるバブラを殺害するにいたった。同じ名である彼の息子は五年後にポルトガル勢力を放逐し、この経緯から反帝国主義の英雄となった。英国人からも、他ならぬフランシス・ドレイク卿のような人物があらわれて一五八〇年にテルナテに着いたさいにオランダ人をこの地域に追い落とした。スペイン帝国から略奪された金銀を携えて太平洋を渡り、ドレイクは自分も積んでいるスパイスに加えて、すでに貯まっていた積荷を運んだ。それでもドレイクは、若きスルタン、バブラに丁重に迎えられ、ポルトガル人を追い出すためにティドーレ Tidore の近くから英国の艦隊とともに帰還するという栄誉ある言質を得たのだった。様々な事情のため、ことはそう簡単に運ばなかった。

オランダ人はＶＯＣの設立に先立ち、一五九八年にヴァイブランド・ファン・ヴァヴィック司令官の指揮の下、ようやくスパイス諸島に到達した（Burnet 2013, 70-1)。テルナテに着いた彼らを迎えたのは、すでに故人となっていたバブラの若い息子にして後継者で、状況を知りたくてうずうずしていたスルタンのサイードであった。スルタン・サイードはＶＯＣの大砲に強い関心を寄せたので、ティドーレのポルトガル攻略にあたりオランダの加勢を得た。ただしこの時点では、この命令に対してファン・ヴァヴィックはまだ受け入れの是非を決する地位にはいなかった。スパイス諸島でますます力を強めるオランダ人の優勢は一六〇五年に明白となるが、これはちょうど最初の本格的なＶＯＣ艦隊が利益のためにポルトガル勢を追い出すためにアンボンのスパイス諸島に到来した時期でもあった。短期間の攻撃ののち、ポルトガルの指揮官は自害し、指揮下の兵士たちはＶＯＣに降伏した。この事件をバーネットは「ポルトガルインド会社 Portuguse Estado Da India の凋落のはじまり」と記している。

ただし、オランダ人たちがただポルトガルの凋落によってやっと満たされる軍事的空白につけいったと解するとすれば、彼らは間違っている。ＶＯＣのアンボン占領にはヘンリー・ミドルトン旗下の二隻の英国艦船が居合わせていた。この結果、彼は当のアンボンに上陸するのではなく、クローヴのためにテルナテに一隻を向かわせ、もう一隻はナツメグを求めてバンダに出帆することに決めた。ミドルトンはおとぎ話のようにテルナテにたまたま行き着いた。ぎりぎりの瀬戸際でスルタン・サイードその人の命を救ってから、ティドーレからやって来た敵との艦隊戦での敗北のさなかのことだった。感謝したサイードはテルナテに英国基地の便宜をはかるとともに、クローヴの交易権を認めた。ティドーレでのポルトガル人攻撃に際してテルナテを助けるために、フランシス・ドレイク卿と何年か前に彼の父に交わされた約束のことをサイードは忘れていなかった。だからこそ、あらためて同盟を求める気持ちに火が点いた。しかし、オランダ人は五隻の船でいち早く到着し、これはポルトガル勢への対抗に加勢してほしいというサイードの要請でもちこんだ船だと強弁した。このときのサイードは外交的には微妙な立場にあったが、オランダ人、英国人、ティドーレ人を互いに対抗させる方策を巧みに見いだしては自らの手は汚さずにいた。結局、VOCがティドーレのポルトガル要塞を攻撃する一方で、他の勢力は静観するままにとどまるかたちでことは収まった。このときオランダ勢はほぼ敗北の憂き目にあったが、ポルトガルの要塞を木っ端みじんにした（この時代には頻発した）粉塵爆発に救われた。このときにはアンボンとティドーレを征服していたから、VOCは一六〇七年にテルナテのポルトガル要塞を改修し、占有した。会社は今やスパイス諸島では誰の目からしても日の出の勢いを得ていた。ただし、バンダの情勢には不透明な部分があり、アイやルンなどの豊かなスパイス諸島では英国の支配も及んでいた。現にジェームズ王は最初の海外での英国の領土獲得のおり、「イングランド、スコットランド、アイルランド、ポロ・ルン」と自らを称した（Burnet 2013, 104）。しかし、ほどなくオランダ人は独占を目指す事業に邁進した。一六一五年に彼らはアイを襲い、ルンからの英国の奇襲によってただの一夜でその地位が脅かされるまでは、当初この攻撃はうまくいった。一六一六年、オランダ勢は力を取り戻し、アイを防衛する者たちを皆殺しにして征服した英国の場所を「復讐砦」Fort Revengeという恐ろしげな名前に改めた。一六二〇年に降伏を余儀なくされるまで、ほんのひとにぎりの英国の軍隊がルンで勇敢にもちこたえていた。この動きの余波として、ルンの原住民には過酷な運命が待ち受けていた。「オランダ人は成人男性は皆殺しにするか、奴隷にし、女子供は放逐したうえで、この島のナツメグをことごとく切り落としにかかったので、バンダの海には不毛で誰も住まない岩が顔を出すのみとなって残った」(Burnet 2013, 105)。スパイス諸島におけるVOCの優位は、一六二一年のクーンによるバンダ島民の虐殺と、一六二三年のファン・シュペウルトによるアンボンの英国人の殲滅によって確実なものとされた。

スパイス諸島のVOCによる完全独占には、もう一つ延々と尾を引く厄介事があった。スラウェシの南西に位置するマカッサルのスルタン統治領の独立が続いていたのである。当初は豚食いや肛門性交者の本拠と称されたマカッサルは、一六五五年までにはスルタン・ハサヌディンのもと、イスラム勢にとっては頼りがいのある軍事的前哨地帯となっていた。一六四一年のVOCによるマラッカの征服を逃れたポルトガル人の多くは、マカッサルに庇護を求めて許された。マカッサルではマラッカ・カソリックの司祭や聖遺物が受け入れられていた。それ以上に、マカッサルはVOCの独占主義者がつねづね破壊しようとしていた種類の自由貿易港にほかならなかった。「アラブ人、中国人、スペイン人、英国人の商人たちがひんぱんにこの港を訪れた。マカッサルのスルタンはこうした商人たちに、オランダの統治の外で自由に交易することを許していたからである」(Burnet 2013, 130)。一六五六年にVOCはマカッサルを封鎖し、一六五九年には再び独占を要求した。これに対してスルタン・ハサヌディンは、神はこの地上に、ただオランダ人のみならず、あらゆる民の喜びを意図しているとはっきり応えたのだった。対してVOCは一六六〇年にこの都市を攻撃した。しかし、一六六九年まで征服されたがわはVOCから逃れていた。これはVOCがそれまで経験したなかでも最も凄まじい戦闘と言われている(Burnet 2013, 134)。抵抗を止めないスルタンは放逐され、ついにVOCはスパイス諸島における完全な独占を確立した。

この究極の独占状態と、こののちVOCに七〇年にわたって続く経済的繁栄のゆえに、一六二三年のアンボンよりも一六六九年のマカッサルを、スパイス諸島の共生の契機と見なしたくなる。いくつかの理由から、わたしは正反対の見方もしたくなる。アンボンにおける英国人の虐殺は、ハサヌディンの庇護のもと生きていた多様なポルトガル人の故国放棄者や、似たような境遇の英国人やスペイン人の商人たちは除くにしても、スパイス諸島から他のヨーロッパ列強を押しのける証となっていた。アンボン占領から三〇年以上、マラッカ占領からは一五年以上にわたり、一六五六年の封鎖までオランダ人はマカッサルを征服する努力を全く払わなかったという事実は、VOCによるマカッサル攻略には、重大な変革というよりも、大規模に延々と長びいた掃討作戦という印象を与える。EICも、一六五七年のときと同じく早いうちにスパイス諸島をVOCの統治下に償却していたようだ。この年、現にEIC総督のウィリアム・コケイン卿は、この地域全体の英国の財産を売却しようと提起した。東方におけるオランダの支配に対して警鐘を鳴らす彼の悲観的な見方は、オリヴァー・クロムウェルすら愕然とさせた。彼はインドと会社の商業上の再編を重ねて注目することを薦めていたからである（Burnet 2013, 140）。ただしこれらの動きはどちらも、およそほとんどぎりぎりの瀬戸際での救助活動のように見えた時点で、英国にとっては長期的な意味をもつことが明らかとなるはずだった。要するに、VOCの敵対勢力はマカッサルの一六六九年の征服よりずっと前に、スパイス諸島をオランダの支配に大なり小なり譲り渡していたのだった。したがって、マカッサルの占領は、そこで得られる経済的利益がどれほど莫大なものであっても、新たな転回点というより、一六二三年のスパイス諸島におけるＶＯＣの展開の結果と見なさなければならない。

(c) マラッカ

一五五七年、ポルトガル人たちは、はるか一九九九年まで続くマカオへの居留許可を中国から得た。ポルトガル勢は戦略拠点としてのマラッカも支配していたので、当たり前のように年毎の交易に、マラッカ海峡を通りゴアを経て最後にはリスボンにいたる経路を定めた。こうしてマラッカをあからさまに掌握しなくても、オランダ勢は破滅的な帰結をもたらすことができた。というのも、オランダ人が求めた全ては、海峡に彼らが赴くにあたってポルトガルの船舶を襲い、拿捕することであったからである。一六〇三年、ＶＯＣはジョーホール近くでポルトガル船籍のサンタ・カタリナ号を拿捕した。「押収された積荷はアムステルダムで三五〇万ギルダーで競売にかけられた。この利益は、たった一日で、新たに設立されたＶＯＣの供託資本に倍するものであったという」（Burnet 2013, 86）。アゾレスやその他近隣でのポルトガル船舶の同じような拿捕を行なったあとの英国人と全く同様に、オランダ人はこうした利益の莫大さに酔い痴れた。オランダが依然としてポルトガルと戦争状態にあることを考えれば、海賊行為を恥じる感覚を和らげるのは容易かった。一六〇五年、オランダ勢はさらにタイの近くで、また別にポルトガル船舶のサント・アントニオ号を拿捕することで利を得た。

こうした情勢下、マラッカにおけるポルトガル勢はジョーホールのスルタンとの取引を持ちかけ、スルタンの都市からＶＯＣの商人を追い出す代わりに、スルタンには軍事的庇護を提供しようとした。ただし、そうするにはあまりにも遅すぎた。「そのような〈イスラムの敵〉からの要求に屈するくらいなら、むしろ自分の王国全土を手放そうとスルタンは答えた」（Burnet 2013, 87-8）。実際、ポルトガル勢は、一五一一年のマラッカにおけるアルフォンソ・ド・アルバカーキによるイスラム破壊や他にもなされたイスラム教に対する挑発行為などの代償に長期にわたり賠償を支払い続けていた。ポルトガル人を援助するどころか、ジョーホールのスルタンは全く正反対の行為におよんだ。つまりオランダ人と条約を結び、マラッカが占領されるや略奪品を分け合うことに合意したのだった。VOCの艦隊はゴアからのポルトガルの艦隊による壊滅をかろうじて免れることができたので、一六〇六年の最初の試みは頓挫した。一六〇八年にピートルス・フェアホーフェン旗下に敢行された二度目の試みも、不運にもラマダンの最中にオランダ人が到着したために水泡に帰した。ジョーホールのムスリム軍は断食の間、不本意ながら戦ったが、運に見放されたフェアホーフェンは知らぬ間に彼の運命の地たるバンダに出帆していた。ポルトガル船舶に対するオランダの妨害行為は、マラッカ海峡そのものはもちろんとして、ゴアとスリランカを頻繁に封鎖することによって何十年も続いていた。一六四〇年、オランダ勢は、総督アントニオ・ファン・ディーメンの指揮下、三たびマラッカを急襲した。一八隻からなるオランダ艦隊はポルトガルの要塞と砲火を交わし、何も決定的な成果を得られなかった。しかし、五カ月の包囲戦がポルトガルを消耗させることが誰の目にも明らかになると、オランダ側の指揮官は一六四一年、要塞への地上攻撃を命じ、ポルトガル勢は果敢に抵抗したあげく降伏した。このときVOCはこの地域において重要な海峡を両方とも支配下に置いたのだった。

（d）一般的省察

ここまでの叙述は、ＶＯＣ帝国を拡大に導いたいくつもの征服行為や交易について簡略にふれたものだ。しかし、われわれの関心はＶＯＣというアクターの行為＝活動の全てにではなく、その実在＝現実性を変化させることができた共生にのみ向けられている。このために、これまで言及された三つの場所は重要度ごとに、以下のように順位をつけられる。つまりスパイス諸島、スンダ海峡、マラッカ海峡の順である。

スパイス諸島の支配は、富めるが悩めるオランダにとって欠かせなかった。というのも、独占の喪失によってこの地域のスパイス価格は高騰するだろうし、望まない競争はヨーロッパでの価格急落につながるからだった。島々を統治することによって、ＶＯＣはまたアジア内交易を支配するというクーン以来の目的を果たせた。しかし、一六一四年の過激な拡張を志向するクーンのＶＯＣと、一六二一〜二三年のスパイス諸島のＶＯＣとの違いは何だろうか？　一六二三年の状況が一六一四年のクーンの論考からすると当たり前の結果と見なせるので、ひょっとすると幾多のスパイス諸島での勝利をただの「小事件」として、つまりANTや「新しい唯物論」とは対照的に、非唯物論としては強調したくないたぐいの行為＝活動として相手にしないこともあるかもしれない。しかし、一六二三年と、他にも多くある同様の際立った年代との違いをなすのは、征服者になりたい野心家と事実上の征服者の違いである。一六二三年の拡張志向のVOCは、一六一四年のVOCとは異なる。これはVOCが攻撃から防御に、また掃討作戦に軍事的姿勢を変え、アジア〜ヨーロッパ間の航路よりも間アジア航路に商業上の力点を移している時期のVOCの内部編成の違いに由来する。この点で一六二三年はただ単に一六一四年以来の計画の延長上にはなく、会社総体における変化の結果として生じている。

この地域における二つの主要な海峡について言えば、どちらもVOCの生においては正反対の軌跡を辿った。当初ポルトガルの手中にあったマラッカでは、VOCはバンテンにその活動を置かざるをえず、主要な交易の中核はジャヴァにあった。バンテンでは、その港で主流の交易には多方向からアプローチがあったので、むろん独占はまるで得られなかった。バタヴィアに五〇マイル移動すれば、VOCには作戦のための中継地点があったし、もっと後のVOCによるバンテン征服はこの会社組織の性質を変える共生というより、尻すぼみに終わった拡張といったところだった。ＶＯＣが当初、自分の確固たる足場をどこかに定めるよりも、ポルトガル勢に損害を与えようとしたマラッカ海峡とは、ちょうど話が逆だった。東インドにおけるＶＯＣの支配は、二番目の主要海峡を領有しなくても達成された。しかし、一六四一年におけるマラッカ占領は、古くからのアラブや中国の交易路をつなぐ重要性のゆえに、依然として共生にもとづくものと見なすことができる。要するに、バンテンの後期の征服はＶＯＣの凋落のしるしであり、マラッカの後半の征服は、ＶＯＣがまだ重要性を帯びていることのしるしだった。かくてここに興味深く、また事実に抗がう問いも出てくる。つまり、もしＶＯＣが一六〇六年ないし一六〇八年の攻撃においてポルトガルからのマラッカの奪取に失敗せずに首尾よく占領していたら、どうだろうか？という問いである。大方、バタヴィアは決して足場を築けなかっただろう。ＶＯＣははじめのうちマラッカ海峡を本拠にしておいて、間違いなくマカオを占領し、中国人交易との共生を形成することでインドにおいても英国より優位に立つ機会を増すことになったはずだ。これによって、それまで決してなかった仕方でこの会社は性格を変えることになるかもしれないが、そのような会社があるとすれば、それはやはりどう見てもＶＯＣであるはずだ。このように実際にはなかった出来事について考えるだけならできるが、事実に抗することがらをあえて措定するだけでも、バタヴィアなしの、ありえたかもしれないＶＯＣに気づかせるには足りる。ちょうど衛生技師を欠いたパスツール（cf. Latour 1988）に似た線で、自分の計画を実施するのに何か別のやり方を発見していたかもしれない人物のように。これをＡＮＴ（アクター‐ネットワーク・セオリー）で説明することはできない。ＡＮＴは様々な関係や効果に力点を置きすぎるので、ＶＯＣとそこで実際に起こったことがらを同一視しすぎることになってしまう。

10　アジア内部のＶＯＣ

今や共生にあてる名詞の候補としての三番目のかたち、すなわちモノにわれわれは向かう。ひょっとすると歴史において最も明快な例は、決定的に新しい技術体系が採用される場合に見てとれるかもしれない。たとえば、印欧語族における戦闘馬車《チャリオッツ》（Drews 1994）やガリレオに使われた望遠鏡、アラン・チューリングの暗号解読機、アメリカの核爆弾などの技術といったように。しかし、共生はテクノロジーと一緒に生じる必要はない。というのも、それは海の生物や疾病、迷信、気候変動、ほとんどどんなものとでも同じくらい簡単に生起しうるからである。ＶＯＣに不可欠なものとして頭に浮かぶ最初のモノたちは、ＶＯＣの活動の血として流れる東方の貴重なスパイスであった。しかしここでは、前に述べたアムステルダムの事例のように、これらのスパイスはＶＯＣにあって続いている様々な共生よりも、ＶＯＣの創生に属していたので、遠隔地から来たものであるにもかかわらず「根拠地《マザーシップ》」の範疇に属する。スパイスがＶＯＣを生んだのだが、それは石油が今日のサウジアラビアを変えるようにＶＯＣを変えることはなかった。むしろ、これらのモノたちは強い紐帯の主体である、といってもせいぜいのところ、そのつながりがいったん弱くなるか消えてしまえば、それを所有する者の終わりにつながるような紐帯である。つまり、スパイスが一七〇〇年代のヨーロッパであまり人気がなく、独占できるものではなくなった時期のように、あるいはサウジの石油が汲み尽くされ、必要とされなくなった定かならぬ未来におけるように。

　ＶＯＣが当初直面した問題の一つは、オランダ人が売らなければならなかった北方の品々に、オランダ人としてはヨーロッパから出さずにおきたかった貴金属類を除くと、東インドの人々が概して関心を抱かないことだった。羊毛や鉛のようなオランダの標準的な商品は、アジア人の目には無用なものに映った。このことは、もっとアジア内交易に大はばに取り組みたいというＶＯＣの野心の別の要因となった。インドからの毛織物はスパイス諸島の住人や他の場所の人々から大いに重宝されたので、ＶＯＣはコロマンデル海岸（今日のインドの東側）や同じくベンガル、さらにはモンゴルの支配下で、こうした商品の交易を確立した。これらの毛織物は、スパイス諸島の原住民とはしばしばクローヴと取引された。VOC本体もその利益のためにアジアの産物をひんぱんに購入した。「木製の樽の代わりに、VOCはスパイス諸島ではベンガル湾の港から輸入された「マルタバン瓶」(stoneware storage jars) に水や火薬を保存した」(Parthesius 2010, 53)。われわれが今日、コーヒーと知っているエチオピア原産の商品の潜在力――このカハウワ Kahauwa をVOCのピーター・ファン・デン・ブロッケは「(イエメン人が) 飲む黒い水の原料になる一種の黒い豆」(Parthesius 2010, 46-7) と見事に描写している――を把握するには時間がかかったけれど、VOCは米や阿片、馬、絹の交易を主導した。類似の刺激嗜好品であるチョコレートや煙草と同様に、コーヒーはのちに重要性を増し、紅茶が流行し、スパイスが廃れた一七〇〇年代には、結果として茶とEIC (イギリス東インド会社) の共生によってVOCに翳りがさす理由の一つとなった。

しかし、アジア内貿易の支配を必要としたこの種の商品がVOCの目的と地理的構成を変えたと同時に、地域支配という任務により適した新しいタイプの艦隊との共生によって、さらに大幅に事態は変動した。生まれ変わったVOCは即座に、オランダに戻っては解散する片道航海による艦隊運営を廃止したのだが、初期の会社はヨーロッパとアジアの間の往復航海方式で活動を続けた。このためには、過酷な航海に耐えうる大型船舶が多く必要とされたが、そのような大型船は浅いアジアの港や河川に入る船舶として最適ではなかった。帰りの航海はこの地域ではお馴染みのモンスーンしだいだったので、状況に応じて運用の仕方を変えられる多目的型の船隊があってもよかった。それが可能であれば、実際ほどなくそうなったように、同じ船をある月には突発的な取引の機会に使用し、次の月には軍事行動用の砲艦として使うこともできたかもしれない。「たとえば、(季節的理由で)封鎖されたゴアからの船は、バタヴィアに戻るさいにはマラバル海岸から胡椒を、セイロンからはシナモンを運ぶことができた」(Parthesius 2010, 171)。オランダ人はＶＯＣの発足のずっと以前から造船技術では名高かったし、期待どおりに臨機応変の対処能力をあますところなく用いて新しい状況に適応した。さらにＶＯＣはアジア内の地で可能ならいつでも造船を試みたし、ポルトガルや中国の船舶を接収するのと並行して、自分たちの使い勝手に合わせて、より小型の船舶を建造した。こうした全てのおかげで、オランダは他のヨーロッパ列強に対して重要な優位性を得ることができたのである。つまり「(ＶＯＣによるアジアの多様な）地域間の交易と輸送が複雑に進展するようになると、季節の変わり目を待ってマカオに船舶を無駄に停泊させたままにしていることが多いポルトガルとは対照的に、最大限に船舶を用い、その航海を維持し続けるＶＯＣの柔軟性が明らかとなる」（Parthesius 2010, 57）。安全のために重武装したＶＯＣ艦隊の評判によって、アジア内で流通する硬貨の運送にＶＯＣが選ばれることになった。「かくてこれらの通貨を大量に輸送することによって、ＶＯＣは金と銀の価値、いろいろな種類の硬貨間の交換上の差異にうまくつけいることができた」（Parthesius 2010, 57）。およそ笑える話だが、英国の腐敗した官吏も不正に得た富をヨーロッパに持ち帰る手段としてＶＯＣの艦船を使っていた。

ちょっと見ただけでは、この転換を特定の年に結びつけるのは難しく見えるかもしれない。しかし、パルテシウスは、この点についてある程度、厳密に向きあって次のように記している。一六一九年のバタヴィアでの創設のあとになっても「ＶＯＣが商品輸送をヨーロッパに集中させ、また大方のアジア内貿易を、バタヴィアで商品をあつかう伝統的かつ私営のヨーロッパの貿易業者に委ねようと望んだ数年という興味ぶかい期間があった」（Parthesius 2010, 31）。この結果、ヨーロッパ交易に直接には結びつかない数多の施設は閉鎖することになったが、この施策はうまくいかないことが分かったので「一六二五年頃にはＶＯＣは、アジア内貿易をゆるぎなく維持する交易地点や拠点のネットワークで結んだ元々の構成に逆戻りせざるをえなかった」（Parthesius 2010, 32）。

こうした全てのことから、対象についての関係主義的な理論がしばしばうまくいかない別の理由が見えてくる。つまり、関係論は様々な対象によって形成される結合や同盟を過度に強調する一方で、共生がある対象をこうした結合から保護し、それによって対象の自律性を固めるやり方を考えずにすましている。たとえば、連続細胞内共生説 Serial Endosymbiosis Theory であれば、単純な原核細胞はその細胞内部の栄養分を享受して生きのびるバクテリアを食べているのではないかと推測する（Endosymbiosis 2008）。のちにこの細胞が分裂すると、バクテリアもどうにか分裂し、当初の細胞を引き継ぐあらゆるものの一要素としての地位を維持する。一九六〇年代にマーグリスは、細胞核内のＤＮＡは多様な細胞小器官を遺伝的にコードしていないこと、そうすることで、その独立した起源を保証していることが証明されるだろうと予測した。一九八〇年代にこの点は実際に証明された。ここから以下の二つのことがわかる。真核細胞は多数の別々の実体から形成されている点、また新しい、より複雑な細胞は時間をかけてこの細胞小器官に依存するようになったという点である。しかし、この明白な結合に沿って、この新しい細胞も何か別のものから、たとえば危険な高濃度酸素環境から独立したものになる。「摂取されたバクテリアは、宿主となる元の細胞の生存には欠かせない酸素による代謝を究極的には行なっていた。さもなくば、細胞は毒となる酸素の多すぎる環境で生きていけなくなってしまう」(Endosymbiosis 2008)。

　かくてこのことはＶＯＣについても言える。ローカルなアジア交易の品物の使用と、アジア内での活動に適した艦隊の編成は、ＶＯＣと異邦のアジアの様々な港との強いつながりを創り出すだけでなく、ＶＯＣとアムステルダムのつながりをいっそう弱めてもいた。このプロセスはオランダの商業的かつ軍事的利害に適っていただけでなく、ＶＯＣへの陶器類の大量販売や、貴金属の安全な輸送のために雇われた艦隊のように、アジアの商人たち自身に新たな可能性の広がりを与えた。ＶＯＣが主に本拠地から品物を取引していたかぎりで、またそのビジネスモデルが主に大型船による往復航海で成り立っていたかぎりで、ＶＯＣのアジア内での実在＝現実性は控え目なものになっただろう。このようにアジアの内側に焦点を絞ることは、バンテン征服に続くジャワ人たちの間での争いにあってますます関与を強めるＶＯＣ総督の立場から見ると、いつも健全とはかぎらない。本国では「一七人会」があまりにも軍事的で不経済な方針だと悔んでいたからである（Burnet 2013, 137）。

11　ANT再論

何かもっと広がりのある理論を思いきって主張するにあたり、VOCの歴史についてはこれで十分に見なおせた。この方向に進む前に、OOOの関心に何よりも近いのに、対立する理論では何が欠けているように思われるかを今一度、説明するのが有益だろう。OOOは「新しい唯物論」と一緒くたにされることがあるが、話題となるのが、ともに唯物論を自称する科学的唯物論であれ、より最近の社会構築主義のたぐいであれ、わたしはOOOが断固として反唯物論的であるということを示そうと試みてきた。さらに重要なことに、ジェーン・ベネットが「脈動する総体の不確定動態」(Bennett 2012, 226) と、端的に描いているような、より根本的な振動する連続体に向けて、個別の諸対象の実在を否定する後者の種類の唯物論にはある傾向が潜んでいる。わたしの見るところANT（アクター＝ネットワーク・セオリー）の良いところは、脈動する総体、もしくは静態的な総体に対立するものとしての個別の存在に立ち戻ろうとする点、またあらゆる存在——人間と非人間、自然的なものと文化的なもの、現実的なものと想像的なもの——がひとしくこの理論に参与すべく主張しようとする動機という点に主にある。これによってANTは、かつて現象学が占めていた存在論的に民主主義的な立場に置かれるが、ただしそれはこの学派が観測する人間主体を特権化しすぎる面をのぞけばというかぎりにおいてである。このように強力で、しなやかな理論が社会諸科学を魅了してきたはずだということに何の不思議もない！

ANTを大いに評価するにもかかわらず、この理論にはいくつか問題があるとわたしは思う。なかでも最も重大な問題は、ANTの弱点の解決としてラトゥールが「実在の諸様態」を主張するとき（Latour 2013）に、彼自身も認めている問題ではないかもしれない。近年の哲学者たちによって最も頻繁に引用される詩句の一つは、まぎれもなくフリードリッヒ・ヘルダーリンの「危険のあるところ、救いの力もまたある」であり、今やこれは正統ハイデッガー主義者の間では長らく続くマントラとなっている。この詩句にならって、われわれはこの倒置表現、つまり「救いの力があるところには、危険もまたある」という真理も主張しなければならない。ANTにとって、また他の様々な理論にとってもそうであるように、その最大の洞察の契機は、こうした過剰さという点である。わたしはＡＮＴの最大の長所と弱点に同時に由来する論点として、以下の五つの考え方を提起する。

１．「全てはアクターである」に賛同するＡＮＴ

そのフラットな存在論のおかげで、ＡＮＴは、あらゆる有限な存在者がにわかには信じられないことに（a）人々と（b）それ以外のものの間で分割される、近代の二元論的な存在論を避けることができる。最も知られる思想家の多く――ジャック・ラカン、アラン・バディウ、スラヴォイ・ジジェク、カンタン・メイヤスーがすぐに頭に浮かぶ――が、いつになく人間主体に魅了されている時代においては、このことにどんな小さな成果もない。ＡＮＴは、人間存在はただ単に興味ぶかいだけでなく、それ以外のあらゆるものとは全く異なる種類の存在であるので、自分自身について全く異なる存在論的カテゴリーを保持しているとあらかじめ想定するのではなく、あらゆる存在者に等しく足場をもたせるという点で、これらの著者たちよりも上手にことを進めている。あらゆるものを平等にあつかうことから始めた方がよいので、あらゆるものの間にあるどんな違いも、いわゆる自明の真理として一七世紀からこっそり持ちこむのではなく、知的に稼いで得なければならない。ANTはこれを現象学よりもうまくやっている。

1.「なぜ行為＝活動は、あらゆる存在が共通してもっている属性でなければならないのか?」に反対するANT

家を建てる作業をしているときにはじめて、その誰かは大工になるという言明は意味をなさない、というアリストテレスの論点についてはすでに考察した。ひとが家を建てるのは、ひとえにその者が大工であるからであり、その逆ではない。より一般的に言えば、あるモノに多様な行為＝活動をになう力があり、まさにこの理由によって、どんな個別の行為も、あるいはいかなる行為も遂行する必要がない。これはあらゆる種類の関係論的な存在論に対立するOOOでは典型的な反駁である。実践的方法に関しては、行為体の行為＝活動を強調しすぎれば、これに対して事実に抗う問いを発するわれわれの能力を取りこぼすことになる。様々の著者や政治家、野生動物を、それらがどの程度の影響力をふるっているかという点によって評価するとすれば、われわれはこの世界についてのモデルから、逃した好機や不運、愚かさを抹消することになる。行為志向の社会理論の実践者たちが、勝者も敗者もつねにその運命を蒙るにあたいするとはかぎらないということを「知っている」にせよ、そうでないにせよ、対象を掘りあげる（上方還元する）いかなる理論も「彼らがすること」に即して対象を変換《パラフレーズ》して表現することで、歴史とは勝者たちの名簿、つまり、なるべくしてなったのではない成功や失敗という面を全くもっていない名前のリストであるということをすでに認めている。かりに歴史がそんなふうだったら、ラトゥールがデュルケムよりも夕ルドを高く評価すること、またホワイトヘッドがジョン・ロックを彼の時代のプラトンと呼ぶこと、要は広く共有されてはいない見方には全く道理がないことになる。うまくいった行為＝活動は、ある対象の実在についての良質で大ざっぱな徴候ではあるけれど、それはまさしく粗けずりの徴候でしかない。これが、対象の行為＝活動や関係により焦点をあてるのではなく、対象そのものに転回しようとする一つの理由である。

2.「あらゆる関係は相互的である」に賛同するANT

かのアイザック・ニュートン卿の「運動の第三法則」によると、どんな反作用にも等しく対立する反作用がある。ANTは小さな《マイナーな》存在を、「強力な」存在に粉砕されるただ受動的な下位存在 subaltern というよりも、それじたいでしかるべき根拠のある、アクターとして見なすことによって、これと似た原則をもりこんでいる。ラトゥールに対する左派からの批判は、革命的政治にラトゥールが目に見えて無関心であることに不満たらたらでありながら、革命に対する彼の無関心の実在＝現実的な根拠をいまだ把握していない。この無関心の理由は、ラトゥールが社会における現存の権力関係を尊重しているからではなく、むしろそうした権力関係を軽蔑している点にある。ラトゥールにとって、あらゆるネットワークに属する脆弱性や可逆性から逃れられるほど強い権力などありえない。このことを彼は『還元不能なもの』Irreductions と題された本の冴え渡った補遺でこう述べている。「われわれは強いものの強さをつねに誤解している。人々はこれを行為体《アクタン》の純度に帰しているが、これは弱さの段階的な配列に由来する」（Latour 1988, 201）。

2．「多くの関係は全く相互的ではない」に反対するANT

ニュートンの精神にならって仕事を進めているせいか、行為＝志向の哲学には、関係を作用反作用双方の方向でひとしく起こっているものと見なす傾向がある。このために依存がさしあたり一方向で生じる関係を理解することは難しくなる。関係についての非相互的な概念は開発＝搾取的な関係に対して、よく左派が正当化する難癖を説明するためだけでなく必要とされるので、今述べた論点は重要である（Bryant 2014, 197-211）。ＶＯＣのような「強い」存在が、考古学者イアン・ホッダーが「絡みあい」という語（Hodder 2012, 2014）で理論化したさいの、経路に依存する path dependent 関係を記述することも重要である。ホッダーの意図を汲んで単純な例をあげれば、人新生《アントロポシン》の文明はそう簡単に使い捨てのプラスチック袋や太平洋中に広がっていくゴミためを一掃することはできない。あまりにも多くの仕事がその種のかけらに依存しているからである。

3.「あらゆる関係は対称的である」に賛同するＡＮＴ

これはすでに述べた二点目と同じに聞こえるかもしれないが、実際にはその部分集合であり、ＯＯＯの立場によってはじめて同定できる点である。任意の関係は相互的であり、それゆえ関係の双方のアクターは互いに関係していると想定してみよう。われわれはこの関係をただ相互的と呼ぶのではなく、かりに双方の存在が同じ仕方で関係しあっていれば、つまり、それぞれの性質の相互作用を通して関係していれば、それも対称的と呼んでいる。

3.「全ての関係が対称的というわけではない」に反対するＡＮＴ

ＯＯＯは関係のうちに自律した対称性を受け入れない。なぜなら、ＯＯＯは様々な対象とその諸性質の間の分裂に注意を向けるからだ。フッサールの現象学は、この原則の援用を重要なものとしているが、その場合、ある対象は「性質の束」にほかならないという古くからある経験主義の考え方を拒むことによってそうしている。フッサールは次のように主張することで、この哲学的常套句をひっくり返している。つまり、まずある対象を経験し、その対象の性質そのものはある瞬間から別の瞬間へと移り行くにしても、これを同じ対象と見なしつづける、と。対称的な関係は、ある対象の性質が他の対象のそれと相互作用する場であるような関係であるのに対し、非対称的な関係において他の対象の諸性質と相互作用するのは、まさにある対象そのものなのである。うってつけの例は、修飾なしの言葉と比喩的な言葉の違いのうちに見いだせる。ホメロスにおいて繰り返し出てくる、何より有名な形象、「葡萄酒色の海」を考えてみよう。あらゆる隠喩と同様に、ここに強いつながりはない。というのも、薄暗い液体というよく知ったありきたりの状態をのぞけば、直接にワインを示唆する海にあたるようなものは何ひとつないからである。ホメロスが「青紫の海」と言っていたとしたら、あるいはもっと下手に、「海、それは葡萄酒のような暗い色の液体である」と語っていたとしたら、なるほど精確で強い文字どおりの表現ではあるだろうが、決して弱い隠喩表現ではない。しかし、海を「葡萄酒のように暗い」と呼ぶことは、ワインの色や液体という性格を海に由来すると考えるのみならず、ワインに直接は対応しない別の諸特徴（酩酊や忘却）を、海という対象をめぐる漠然とした佇まいのうちに据えることにもなっている。ワインと海という二つに共通する暗い液体というありようは、どうにも海にはありえないワインという属性を発現しうるための口実にすぎない。この弱いつながりを「論証」や「概念」では把握できないということこそ、この隠喩を強力なものにしているのだが、ちょうどそれは、より精確な表現である「青紫の海」は強い隠喩ではないという意味である。隠喩が非相互的であることの証は、「海のように暗いワイン」よりも「葡萄酒色の海」――これは全く異なる形象だが――の方をよく耳にするという事実に見いだせる。この互い違いの例において、ワインは普通は海に結びついている属性（航行可能な場、謎、冒険、難破、怪物や沈める宝物に満たされたところ）をどことなく獲得している対象になるだろう。これに対して、修飾なし《リテラルな》の言葉は相互的である。たとえば、二つの対象間で非隠喩的な比較をすることは、双方に共有された似たような属性を見てとることである。「カラスはカササギに似ている」は情報を与えるが、美学的な評価はふくまない。この比較には納得できるからである。「アムステルダムはヴェニスに似ている」はそれほど精確ではない。われわれが依然として文字どおりの情報――最も似ているのは運河と海の歴史だが――が、それでも伝わってくると分かるほど十分に近しいとしても精確ではない。だが、「帽子はイルカに似ている」は、何か隠喩的な効果をおよぼすには振りはばが広すぎる。必要なのは、二つの対象間に、それほど明白ではない共振をはたらかせるに足るほど細かな類似が見られる「ぴったりの落しどころ」なのである。

4.「あらゆる関係は等しく重要である」に賛同するANT

ANTが大いに理論的に優れている点の一つは、あらゆる行為＝活動を等しく行為＝活動としてあつかうことのできる能力である。ナポレオンによる一八〇〇年の自らによる戴冠は一つの行為＝活動であるが、どこかのみすぼらしい屋根裏の一室で紙皿にほんの一滴垂れた蠟にも同じことが言える。同じ等価性は、自ら王位に就くナポレオンにも、何でもない一日にナポレオンが一、二度する咳にも妥当する。この等価性は、どんな哲学でも自らの伝統における前提を払いのけるためには必要とするような種類のはじまりの平板化を行なう。

4．「あらゆる関係は等しく重要というわけではない」に反対するANT

われわれの共生をめぐる議論において、これはすでにあらゆる行為＝活動がひとしいわけではないという事例としてある。ある対象の生にはほんの些細な契機があり、ゆえにその対象の実在そのものを変形する共生の契機があることになる。ANTはこの点に関して無頓着なので、環境に対する外からの余計な影響に特別な意義を認めることによるしか、重要か重要でない契機かを区別する術はないことになる。しかし、共生というさい、われわれはまずもって、その環境に対してではなく、対象にとって重要な契機について語っている。さらに一般的に言って、他と比べてANTは重要な出来事と重要でない出来事を区別できないので、ある対象の生の周期に光をあてることができない。ある意味で、いずれにせよこの点は議論の余地がある。というのも、アクターをいかなる瞬間にもアクターがとる関係の総和と過剰に同一化させることによって、ANTは「この同じ」対象を時間軸上に実際に存在させることはできないからである。厳密な意味で、ラトゥールのいうアクター（彼らの先駆者であるホワイトヘッドでは「活動的存在」）は、ほんの一瞬しか持続しないし、次の瞬間には、似てはいるものの同じではない行為体にとって代わられる。

5. 「われわれは異なる様々なタイプの存在者を区別することはできない」に賛同するANT

ラトゥールは彼の「様態」研究において近代の人間／非人間の二元論のうちにいくぶん逆戻りしている。そこでは様々な様態が「準＝対象」や「準＝主体」（Latour 2013）とのそれぞれの関係に応じて区分されている。にもかかわらず、『還元不能なもの』（Latour 1988）に見られるフラットな存在論は、諸存在の間に厳密な分類にもとづく区分をつけることなく、われわれがあらゆる存在を行為体としてあつかうことを求めている。

5. 「われわれは様々なタイプの存在者を区別しなければならない」に反対するANT

つまるところ、一定の働きが見こまれるどんな理論も、人間や非人間、自然存在、文化的存在、技術、花々、哺乳類といったものの間の違いに光を当てなければならない。様々に異なる存在様態の間にそうした区別を設けようとするラトゥールの試みは、興味ぶかい帰結をいくつももたらすが、いろいろなアクターのタイプの間には区別をつけようとはしない。これはANTにとって終わりなき作業の一部として残っている。

要約すれば、OOOは以下のことを主張する。(1) 諸々の存在者は単に表に出て《パブリッ》いる《ク》アクター《な》というより、部分的にひきこもった対象である。(2) 対象間の関係は非相互的なものかもしれない。(3) 対象間の関係は非対称的なものかもしれない。(4) ある対象には、重要な関係と重要でない関係の違いがある。(5) 哲学の務めの一つは、対象間の様々に異なるタイプや系統群《ファミリー》を分類する新しいやり方を見いだすことである。この五つの主張から、いくつか関連する原則を導き出そうとする前に、アムステルダムから東インドを支配したこの会社についてさらに述べておかなければならないことがある。

12 創生、成熟、衰微、終焉

その歴史における数えきれない劇的な事件のうちで、VOCはこの会社の実在＝現実性を変容させる以下のような五つの共生を経ている。

1614：クーンの『インド国家論』が書かれる
1619：VOCの拠点がバタヴィアに置かれる
1623：アンボンでの大虐殺、これによるスパイス諸島の支配
1625：VOCがアジア内交易に再び向かう
1641：ポルトガルによるマラッカの征服が古来からのアラブと中華圏の交易路を結びつける

ＶＯＣの生きた軌跡におけるこれらの共生の契機を同定しようとしてきたが、こうした契機のそれぞれの構造をおよそ異なったものにしているのが何であるかを考察するには、ＶＯＣの創生や勃興、凋落、そしてついには消滅にいたる諸契機の精確な見きわめが試されなくてはいけない。

ＶＯＣの創生はそれじたいとして興味ぶかい。一五八〇年にスペインのフィリップ王はポルトガルの空の王位は自分のものであると主張した。その結果、二つの国は統一され、各々の海外統治領は分かれたままであったが、この連合は一六六八年まで続いた。一五八一年に、オランダ人はスペインのハプスブルグ家に反乱をおこし、オラニエ家の統治のもとに独立した「オランダ連合国家」を形成した。オランダと連合イベリアの列強の戦争状態がなお続いていたので、オランダ船舶はリスボンから締め出されていた。もともとアムステルダムとアントワープのスパイス交易は、ポルトガルに楽に接近できることと相まって、北ヨーロッパにおけるオランダの海運力と広がりゆく交易ネットワークのおかげで花開いていたのだが、この封鎖によってこのスパイス交易は深刻なまでに激減した。かりにオランダが彼らにとって儲けのあるスパイス交易の継続を望んだとしたら、新たに危険な条件のもとで、彼らだけで全てに対処するほかはなかった。一五九二年のヤン・ホイヘン・ファン・リンホテンによるItinerarioの刊行が、これを促した。以前、ゴアのポルトガル人に一一年間雇われていたので、ファン・リンホテンはこの都市より遠くの冒険に向かうことはなかったが、はるか東方のあらゆる地点に関する情報を入念に拾い集めた。東インドの植生や地勢について詳細な記述をするうちに、彼はゴアにおけるポルトガル人の記録をこっそり複写し、その航海や商業上の秘密を共有し、「ポルトガル人のざっくばらんな会計業務や、彼らの強欲、対立志向、組織性のなさ」をもちかえり、これによって「この地域におけるポルトガルの無敗神話を根本から揺るがした」(Burnet 2013, 69) わずか一年後、オランダ商人の一群が東インドの地図を委嘱し、不運なコーネリス・デ・ホウトマンは、どうにかリスボンに実態調査の旅を行なうことができた。彼は一五九五年のバンテンへのオランダ人による最初の航海の司令官に任命され、すでに見たように、次の年にはバンテンに至った。このあともこの地域へのオランダの航海はいくつか散発的に行なわれ、多方面への遠征が市場価格を下げることによって互いにしのぎをけずりあっていることが誰の目にもわかるまで続いた。ここでとられた解決法は、全てのオランダ東インド会社の交易業者は一個の統一組織で活動しなければならないというものだった。ただし、このプランは当初から多様なオランダの地域や、独立を羨む個々の「支部《カーメル》」Chambersからの抵抗にあった。この抵抗への対応が、一六〇二年に「一七人会」として知られる統括団体によるVOCの設立であった。その内訳は、アムステルダム代表の八つの商工会議所、ミッデルブルグからの四つ、デルフト、エンクホイゼン、ホールン、ロッテルダムからは一つずつであった。白黒をはっきりさせる一七番目のメンバーは、強力な大都市がそのままずっと多数派を占めることがないようにアムステルダムではなく都市間での輪番となった。最初のVOCの統一艦隊は一六〇三年の一二月に派遣され、すでに見たように、一六〇五年にアンボンにおけるポルトガルの城砦を攻め落とした。

さて今度はVOCの成熟期を考える段である。VOCは一六四一年のマラッカ攻略のおりに一つの対象《オブジエクト》として成熟したかたちをとったと先に述べた。財政と軍事両方の意味で進展はあったが、さらなる共生の組み合わせよりも、VOCの拡張の一部としてこれを見ることができる。最初の展開は、一六六九年のマラッカ征服であり、これによってVOCは、アンボンで一六二三年で得たよりも、スパイス諸島に対してより完全な独占を獲得した。つまり「(マカッサルが征服されてから) 以後七十年にわたって、ＶＯＣは株主に利益を配当しつづけ、それまでの世界で最も強力な貿易会社となった」（Burnet 2013, 136）。しかし、バーネットの報告によると、一六七〇年から一七〇〇年にわたって、アムステルダムにおける他のあらゆる輸入品目のうちでもクローヴと高級スパイスの市場全体のシェアは、五九％から三五％まで落ちこんでいた。スパイスこそＶＯＣの独占の特別な要である以上、これは危険な徴候だった。他方、同じ時期、インド織物のシェアの方は二九％から四四％まで上昇し、インドの産物はＶＯＣの商品よりも英国の強みとなった。その間にも「茶とコーヒーは全くのゼロから二五％まで増大し」（Burnet 2013, 136）、英国にはこれもまた吉兆だった。特に茶に関して、英国は中国との接触を強めていたからである。他の商業上の脅威は西半球に由来していた。「トウモロコシ、じゃがいも、トマト、唐辛子など新世界からの野菜は人々の日々の食物を多彩なものにしつつあった。ピエール・ポワヴレによって東インドより密輸され、フランスの植民地から市場に参入したクローヴやナツメグの新たな供給元との競争が、また別の障害となった」（Burnet 2013, 136）。

ＶＯＣの凋落は遠い話ではなかった。世紀を境に事態はしだいに悪化した。「フランスとの争いはオランダの債務を増大させ、オランダ共和国は一七二〇年に英国が世界の制海権をめぐってオランダにとって代わるまで、艦隊の衰退を許すにまかせることになった」（Burnet 2013, 137）。もはや欲にかられてではなく、会社としてはただ既得権益にすがりつくのみの段階に見えるが、VOCがすぐに崩壊することはなかった。カルカッタでは一七五九年に英国に対するVOCの攻撃が愚かにも計画、実行され、フランシス・フォード大佐の軍隊による徹底した攻撃を受けたので、「生きてこの戦いを脱し、チンスラ Chinsurah［インドのフーグリー］におけるオランダ（の交易地）に辿り着けた者は（七百人のうち）わずか一六人のヨーロッパ人しかいなかった」（Burnet 2013, 145）。そうだとしても、この時期、ちょうど様々な対象《オブジェクト》もしばしば衰退している状態で自らを有利にするように、VOCはどうにか利益を得ていた。一七二二年には、この地域の主要港となっていた現在のシンガポール近くのタンジュン・ピナン Trajung Piang とともに、当時、ジョーホールを支配したブギス人 Buginese［マレー・ポリネシア語を話す人々］との間に錫の独占交易があった。そして一七八四年はVOCには巡り合わせのよい年になった。リアウ諸島のラジャ・ハジと一緒に英国より略奪した阿片の正当な取り分をラジャから騙しとったのち、VOCはなお詐取を続け、先制攻撃を試みた。これはまた別の粉塵爆発でVOCの旗艦が破壊されるという破滅的な結果をもたらした。ラジャ・ハジはすぐさまマラッカを攻撃、包囲し、ブギス人に対する勝利は目前に思われた。しかしすぐに、小規模だが強力な艦隊がマラッカに現れた。これはＶＯＣではなく当時のオランダ海軍（！）に属する艦隊だった。この艦隊は侵略者の近くに兵隊を上陸させ、その砦を占領し、ラジャ・ハジを殺害した。そこからこの軍はタンジュン・ピナンに戻り、数で上回るブギス人の軍を大量に殺した。結果として、オランダはリアウの砦を得た。しかし、主要なアジアでの戦いで生き残るにあたってのＶＯＣのオランダ海軍への軍事的従属は、この会社じたいの衰退の不吉な前兆となっていた。

　ＶＯＣからすると終焉は豪雨のように間をおかず訪れた。オランダはアメリカ革命に肩入れしすぎていたが、すこし前にはフランスが一三の植民地の独立を承認していた。結果的に、英国は一七八〇年から一七八四年にかけてオランダの港を封鎖し、甚大な経済的損失をもたらした。この時期の早いうちに「ＶＯＣは（一七八一年に）「臨時総会」を招集し……ホールンの支部《カーメル》が元利返済請求を満たすことができなかったので、会社の信頼性は危うくなった」（Burnet 2013, 138）。オランダ政府はＶＯＣから手を引くことは拒んだが、ホールンの支部《カーメル》は債務不履行となってＶＯＣの信頼性を損なった。フランスの勢力上昇はＶＯＣの存続に関わった。ちょうど一七九四年にはナポレオンがオランダに侵攻し、その翌年には政府を奪取した。一、二年後にはフランス国旗がバタヴィアにはためいた。勢いづいた英国はＶＯＣの保有地をだんだんと削り取り、一七九五年にはマラッカを、一七九六年にはアンボンを獲得した。そうする間に、ＶＯＣは自らの倒産と国有化を認めることになり、オランダの植民地統治の一部門に転じた。バタヴィアやマラッカ、アンボンは、この先数十年にわたる協定と戦いを通して、いくたびもヨーロッパがわの領有者を変えることになるが、ＶＯＣはもはやかつての占有物を奪回しようにも、もはや存在しなかった。

13　ＯＯＯの方法をめぐる一五の暫定的なルール

ＯＯＯの方法を十全に応用するには、もっと大きな本が必要となるだろうが、一五の暫定的ルール集を結論とすれば、われわれには今のところ充分であるのは分かっている。このほとんどは、ＶＯＣについてのわれわれの議論に由来する。

ルール１：アクターではなく、対象《オブジェクト》

モノたちは行為＝活動によって創られるのではなく、行為＝活動に先立って存在する。ＶＯＣはスパイス諸島を征服するからＶＯＣなのではなく、それがＶＯＣであるがゆえにスパイス諸島を征服するのだ。アンボンやテルナテ、ティドーレ、アイ、ルンにおける軍事行動は、言わば擬似的な実体によって一緒に集められるような勝手ばらばらに孤立した出来事ではなく、オランダの内側では独占として概念化されるあらかじめ存在する実体に対してのみ意味をもつ。この実体は他のヨーロッパ列強を犠牲にして、ついにはアジアそのもののうちでの交易に拡大した。

ルール２：唯物論ではなく、非唯物論

古典的なかたちでも現代的なかたちでも、唯物論は「的を絞る」、つまり対象の構成や対象の外側にあらわれる効果と、対象を置き換えるためのプログラムである。しかし、対象はおうおうにして自らを構成する部分に対して優位に立ち、意図しようとしまいと、どんな行為も差し控えることもできるということはすでに見た。クーンが一六一九年にジャヤカルタでデイルの艦隊に殺害されていたとしたら、クーンのVOCもまた、おそらくもっと早く消滅していただろう。外的な歴史的インパクトのある事業ではなく、そのときは紙の上だけの計画であっても、非存在の亀裂に陥りはしない。歴史は挫折した対象には冷たいものだが、存在論はそうした存在の実在＝現実を肯定しなければならない。

ルール３：ある対象はそれがもつ関係によってではなく、非関係によってよりよく知られる

ＡＮＴには非関係的な対象を個々ばらばらの失敗として見る傾向があるのに対して、非唯物論はある対象の様々な活動段階を、相互結合性よりも主に自律性に向かうステップとして見る。ＶＯＣは特にこのよい例である。というのも、ＶＯＣの歴史は、まるで一七世紀か一八世紀にどういうわけか電子コミュニケーションが発明されていたかのようにアムステルダムから手を引いてＶＯＣをますます抑えにかかろうという姿勢を多く見せはしないからである。むしろ、少なくともオランダ海軍がマラッカにおけるブギス人の侵攻から助けに入らなければならなくなるまでは、ＶＯＣにはかつてないほど強い自律性への動きが見られる。

ルール４：ある対象は、それが成功することによってよりも、直近の失敗によってよりよく知られる

ANTがあるアクターをより強くする同盟関係を探すようにわれわれに求めるのに対し、非唯物論は、ある対象の脆弱性の方がおうおうにしてより重要であると主張する。わたしが「直近の」失敗と言うのは、たとえば、VOCが最初の月着陸ができなかったことをもってこれを嘲笑することがバカげているはずだからである。一七九五年のVOCの終焉と一九六九年におけるアポロ計画の成功の間には、中間で媒介する対象があまりに多く横たわっている。あらかじめ先に存在する終局ではない、近くにある失敗をわれわれは探すべきなのだ。VOCは日本や中国で優勢を占めたかもしれないこと——これらの敵対勢力はずっと強いものであるのがわかったが——は考えられるし、また同じように、カルカッタやマカオで勝ち誇って台頭したかもしれないとも想像できる。この二つの場所でVOCは軍事的に全く失敗していたのだが。これらの失敗は、果てしないVOCの膨張志向の原理と、VOCが無限に続くように強いる要因との消えることのない間隙に光をあてる。こうした失敗は、事実に抗う終わりなき思弁——これについては無意味とはかぎらない——に力を与える「幽霊のような」対象を生み出す。

ルール5：社会的対象を理解するカギは、社会的対象間の共生を追うことである

ＶＯＣにおける最初の共生は、われわれがまだ議論していない共生である。この会社の歴史のはじめ、東インドで増大する費用やトラブルとして、総督と呼ばれることになる新たな士官の指揮を受けるバンテンのインド諸島の「協議会」を成立させるにあたり、「一七人会」は重大な一歩をしるした。最初の総督ピーター・ボッシュは一六一〇年に仕事についたが、悪名高いクーンは第四代と第六代の任期を務めることになる。この総督の地位の創設は、オランダ本国からのＶＯＣの自律の度合いを増し、ＥＩＣとの休戦に対するクーンの完璧な反抗にテーブルを用意したので、さらなる共生と見なすにあたいする。かくして一六一四年（クーンの著作）、一六一九年（バタヴィア）、一六二三年（アンボン）、一六二五年（内アジア艦隊）、一六四一年（マラッカ）という、われわれの以前のリストに一六一〇年をつけ加えなければならない。この数は別の事例ではいくぶん変わるかもしれないが、これでちょうど半ダースのリストが得られる。

ルール６：共生は、ある対象の活動のうちでは相対的に早く現れるだろう

一六一九年にクーンのＶＯＣにほとんど起こりかかっているように、多くの社会的対象は早い終焉＝死を迎える。生き残る方にとって対象の残存は長いにしても、成長に開かれた窓は比較的小さいだろう。右のリストから、ＶＯＣという存在の最初の四十年に起こった六つの共生が得られる。これらの共生には、別の選択の空間が減ずるように、ある対象を十分に経路に依存させようとする傾向があるだろう。一六四一年のあと、ＶＯＣは一定のスパイスの独占を要する交易と強くつながっており、配当の継続を期待する株主たちには大変な注目を浴びており、敵や競争相手に取り囲まれていたので、ＶＯＣのビジネスモデルを根本から変化させることはもはや不可能となっているだろう。さらにＶＯＣの利益と勝利がその後、数十年にわたり増大するさいにも、ＶＯＣの死すべき運命が目に入ってくる。

ルール７：共生は、ひとたび対象の性格が据えられてしまえば、無限に柔軟に変化で

きるわけではない

どんな社会的対象《オブジェクト》にも、自らがとりうる行為の路線がそこを越えてしまうとすっかり視野を狭めてしまうような後戻りできないポイントがある。ＶＯＣではそれは一六二三年だったのではないかと言いたくなる。この会社の過激な膨張志向のプログラムは、アンボンにおける英国人の虐殺ののちには、もはや取り消しようがない。このときのＶＯＣはヨーロッパ人にもアジア人にも同じように対抗する攻撃的独占に関与している。

ルール８：様々な共生は強い共生にまで熟成していく弱い紐帯である

ある対象《オブジェクト》にとっての最初の強い紐帯は、それが生まれた瞬間から存在する紐帯である。ゆえにアムステルダム、ある種の異国趣味的なスパイス、オランダの航海時代の技術力全般……などは、その後の発展の諸要因であるというより、ＶＯＣの当初からの「本拠地」の一部分となる。他方、バタヴィアやインド織物、アジア圏内の艦隊計画間にあるはじめはゆるやかだった紐帯はこれらの間に共生を可能にする。効率法則によって、われわれが多様な部分とかつてなく緊密なつながりをかたちづくることが求められる。実験や冒険として試みられた共生としてはじまる営みは、ついにはある対象の生きた活動を危険にさらす過剰な依存のつながりに行き着く。スパイスから人気がなくなり、フランスのカリブ海植民地にスパイスが行き渡るようになると、ＶＯＣのスパイス諸島との強いつながりはＶＯＣの競争力を切りつめる、中間の経路に依存しすぎた重荷になる。

ルール９：共生は非相互的である

相互作用についてのわれわれのパラダイムにおける事例はニュートンに由来するが、彼の法則によれば、「あらゆる活動には同等、もしくは対立する反作用がある」。共生の場合はそうではない。ある対象は別の対象と、そちらが自分と一切つながりを形成しなくても、つながりをかたちづくることができる。何百万光年も地球から離れており、ホモサピエンスといかなる具体的な関係ももちえないアンドロメダ銀河系と、天文学者のつながりを考えてみればわかるだろう。別の例をあげるなら、バンダ人文化とＶＯＣの関係の場合がある。この場合は共生を経ることはないが、むしろ、より強力な対象の手中で徹底した破壊を経験する。二つの対象は、ちょうどＶＯＣのクーンとの共生、またクーンのＶＯＣとの共生のように、お互いに同時的に共生しうる。それでもこれらは互いに異なる共生なのだ。たとえホメロスが両者を同じ詩句のうちで使うことがあったとしても、「葡萄酒のような暗い海」は「海のように暗い葡萄酒」ではない。

ルール10：共生は非対称的である

対称的関係は、諸対象が共通の特徴や利害によって一緒にされるような関係である。たとえば、いくつかの富裕で強力な民主主義国家群、つまり英国、フランス、西ドイツ、イタリア、日本、アメリカ、カナダによる一九七六年のＧ７の結成を考えてみよう。今日のヨーロッパ連合の二八カ国間とちょうど同じように、Ｇ７の国々の間には明らかに強力なつながりがある。こうした連合の実体は変化を生むには役に立たないという文句が言われがちだが、その要点は以下につきる。つながりは段々に強くなるが、それは動きよりも安定性を生みだすのを意図している。今日、国連を形成する一九三カ国についても同じことが言える。これら大きく異なった国々には、実効性のある連合体を生むのに十分な共通点などないのだが、本当のところ、これらの間のつながりは、主権国家の最小公分母にしたがってみるとあまりに強力すぎる。国連は目論見としては安定した組織体として計画されている。

より非対称的な関係は、一九九八年にロシアを加入させるＧ７の拡大に見てとることができる。当時のロシアの相対的な弱さによって、むしろロシアの他と異なる特徴や国家的利害が、さほどの憂慮なく加盟することを可能にした。しかし、増大する石油の利権や、ウラジミール・プーチンのより苛酷な政策は、ロシアのグルジアやウクライナとの格差を際立たせる方向に促した。この結果として非＝共生的なＧ７は決して新規編入を意図していなかったし、だからこそロシアの加入は見送られることになったのだ。

ルール11：出来事としての対象《オブジェクト》は、対象《オブジェクト》としての対象《オブジェクト》の残響である

何年か前、アップルとマイクロソフトによって成し遂げられたパーソナルコンピュータ革命についてのテレビのドキュメンタリーをたまたま見る機会があった。この映像でインタビューされている者の一人が、アメリカの大衆文化についておよそ無邪気な見方を述べている。「六〇年代が実際に起こったのは七〇年代だったことを忘れてはいけない」。この所見の重点は、ある対象は、それがはじめに経た隆盛よりあとに続く段階で「より」実在する、ということのように思われた。ある意味ではドラマティックな一九六〇年代のマリファナ喫煙やフリーセックス、国内での暴力も、悪趣味でつまらない一九七〇年代によってもっとうまく例にとれた。また同じように、それがスパイス諸島が暴力的に支配のくびきの下にまとめられるさい、膨張志向のVOCが「さらに」存在するには、およそ数十年かかるように思われるが、それは一六一四年のクーンの著作にすでに存在している。ちょうど「クーンの一六一四年の著作は実際には一六二三年に世に出たものだということを忘れるな」と言うこともできるかもしれないように。

ルール12：ある対象《オブジェクト》の創生は、相互的かつ対称的である

ルール10において、G7のように共通の利害にもとづいたありのままの集団は、それじたい冒険をものともしない共生ではなく、安定を実現する機構である点は先に見た。これをもとに理解できるのは、VOCは様々に異なった地区からなる小集団による共生ではなく、アムステルダムやデルフト、エンクホイゼン、ホールン、ミッデルブルグ、ロッテルダムなどの共通の利害にもとづいて文字どおり強いられた妥協の産物だったという点である。これらはみな、商品に高価格の投資利権を抱えるオランダ語話者の海運都市であった。これらの都市は同じ法律で結ばれていて、たとえアムステルダムやミッデルブルグなど有力都市が「一七人会」においてより多く代表議員を擁したとしても、このことに変わりはない。ある対象《オブジェクト》の創生は、より大きな効率と引き換えに得られる自律性をほとんど意味しない。他方、共生はさらなるリスクと、おそらくはさらなる利益と引き換えに得られるより大きな自律性を意味する。ある社会的対象《オブジェクト》の出現は、冒険に向かう精神よりも利益を尊ぶ精神に左右されている。他方、共生に関しては、この逆もまた真実である。

ルール13：ある対象《オブジェクト》の終焉は、その紐帯のもつ過剰な強さから生じる

　ＶＯＣは、マラッカやバタヴィア、ナツメグやメイスとのつながりが弱くなったから終わりを迎えたのではなく、むしろそれらとの紐帯があまりに強かったから失効した。強いつながりは従属を意味するのであり、つまりこれは、こうした紐帯の一つが突如弱まったさいに破綻が訪れることを意味する。一七〇〇年代におけるスパイス価格の低下にともなって、あるいはマラッカの攻撃上の脆弱性が高まった結果、安全保障のためオランダ海軍に頼らざるをえなくなったことなどが例になる。

ルール14：あるオブジェクトの熟成は、それがもつ共生の拡大からみちびかれる

　東方ではＶＯＣによる共生は一六二三年のアンボン占領で完全になしとげられた。一六六九年のマカッサルでのＶＯＣによる抵抗鎮圧は、新たな共生というより、あくまで一六二三年の共生の拡大版であった。それというのも、スパイス諸島における一

般的なＶＯＣの領有権は一六二三年以降、概ね争う余地のないものであったからだ。ある対象による様々な共生が、一般にその対象の創生から数十年のうちにいったん完結すれば、それは拡張し、衰微し、また死滅するが、新しい活動段階に入ることはない。

ルール15：あるオブジェクトの凋落（デカダンス）は、それがもつ共生を文字どおり解釈することからはじまる

芸術や哲学の場合には、成功した運動をみちびく曖昧な刷新が、どんな三文文士でも使える公式に還元されてしまうさいにデカダンスという言葉が使われる。ピカソやマチスがまだ正体の知れないお笑いぐさの若手であったころにパリを席巻していた代表的な「アカデミー芸術」を考えてみよう。また、一九六〇年代初頭の陳腐な後期「抽象表現主義」の絵画や、今日の日曜画家の誰でも手のとどくお手軽なキュビズムを考えてみよう。ドイツ観念論や現象学、脱構築の後半の年代、すでに頂点を迎えた哲学の運動のどれかを思い出してもいいだろう。物書きたちはフッサールやデリダ、ドゥルーズと「同じように語り」、言葉と概念のマニエリスムを繰り返すのに、もはやそうした思想家たちが直面していた危機に立ち向かうことはない。絶え間ない刷新が求められる理由がこれでわかる。（保守派がするように）永劫の真理の支配に溺れる意匠の空虚な戯れでも、（左派が言うような）吸血鬼のような資本主義にその血を吸い取られる新たな商品の終わりなき生産でもなく、どんな対象《オブジェクト》もいつも自分自身のカリカチュア——つまり、容易に真似できる、簡単にマスターできるベタな内容——になってしまうがゆえに刷新が必要なのだ。

これをオブジェクト指向の社会理論の最初の原則の簡便なリストに役立てよう。これこそ、あらゆるかたちの唯物論の、あてどのない二重の掘り重ねという性格のゆえに「非唯物論」とわたしが呼んだ理論なのだ。

解説　モノたちとのおちつかない共生に向けて

上野俊哉

はじめて読んだときから、グレアム・ハーマンが勢いのある書き手だということはわかった。ちょうど九〇年代初頭にはじめてスラヴォイ・ジジェクが「東欧のギリアデ共和国」という論考でNew Left Reviewに登場したときのようなするどさとパワーを感じた（そこで展開された「民族＝もの」nation-thing論は、今こそオブジェクト指向存在論との絡みで問題にされるべきだろう）。今後、ハーマンもジジェクのように（エンタメ的？）著作を量産する著者になりそうな気配がある。

知られるように、ハーマンは思弁的実在論（以下、SR）ならびにオブジェクト指向存在論（同、OOO。ネーミングはレヴィ・ブライアントによる）という哲学、現代思想における理論パラダイムの牽引者の一人と目されている。二〇〇七年にロンドン大学ゴールドスミス校で開かれた国際会議で、この潮流は世界に登場するが、このときから「四天王」あるいは「四人組」としてとかく列挙されるのは、カンタン・メイヤスー、イアン・ハミルトン・グラント、レイ・ブラシエ、そしてハーマンなのだった。

何よりもハーマンの哲学の基本、出発点をなすのはハイデッガーにほかならない。特に『存在と時間』における道具分析に彼は圧倒的な影響を受けている。研究生活の最初期をふりかえったインタビューでも、いかにその議論が彼にとって決定的であったかが真摯に語られている。このインタビューからすると、ハーマンはハイデッガーにいれあげはじめていた時期からホワイトヘッドもかなり読みこんでいたようだ。あらゆるモノや存在者を同じ足場に立っていると考える「フラットな存在論」という構えは、ラトゥールやデランダとの出会い以前に、すでにホワイトヘッドを読むことによって準備されていた。

ハーマンが修士課程のみとはいえ、アルフォンソ・リンギスの弟子であったという事実に驚く人は少なくないかもしれない。リンギスの弟子でありながら、その人脈やネットワークにおいて本人は一定の居心地の悪さ、あるいは奇妙に疎外された立場をほのめかしている。たしかにハーマンの哲学や思想にアルフォンソ・リンギスからの薫陶を感じさせる部分はそう多くない。何よりも旅や移動、日常生活の細部を一種の「語り」story tellingとして繰り広げるリンギスと、形而上学や存在論的思弁の復権を目論むハーマンはおよそ対極にあるように見える。しかし、リンギスがハーマンに与えた影響は、こちらが思うよりもどうやらずっと大きいようだ。[1] 実際、散文の書き手としてのハーマン、多作の哲学者としてのハーマンのエクリチュール（文章のスタイルと姿勢）にリンギスに通じる部分は実は少なくない。実際、ハーマン自身、このインタビューにおいてオルテガとならんで、リンギスを散文の書き手としての師（マスター）やお手本として位置づけている。このリンギスからの影響は決して文体上にとどまらず、彼独自の諸概念にもおよんでいる。

ハーマンにはシカゴ時代にオンラインのスポーツライターをしていたという経歴があるらしい。一体、何のスポーツの批評や評論、報道や記述をしていたのかはわからない（アメフトや野球ではなく、フットボールかホッケーであれば面白いのだが……）。「考えるよりも書く」と評すれば言いすぎになるが、ハーマンの生産量、仕事ぶり、散文家としての資質には大いにこの過去の経験がものを言っているように見えてならない。そもそもスポーツという行為世界もまた様々な道具や対象によって成り立っているし、集団や組織の面でもスポーツにおける「オブジェクト」を考えることは、哲学の枠をこえてこちらの関心を引く。スポーツや身体論に関心をもつ論者や研究者が、今後どのようにOOOを吸収、展開することができるか？　という点も興味ぶかい。スポーツライターとしてのハーマン、あるいはスポーツと「オブジェクト指向存在論」という括りは少なからず意味がありそうだ。ただし、それは間違ってもOOOによって分析、批評されるスポーツという構図ではない。むしろ、端的にスポーツという場や活動における対象《オブジェクト》を考えることが重要である。

哲学の著作や論文も多作のハーマンだが、その散文家としての芸達者ぶりは専門領域をこえて発揮されている。もとよりOOOやSRの論者たちは建築や都市、デザイン、ゲーム……など多様な領域で発表や講演、寄稿をしている。というより、OOOの潮流は、主として哲学アカデミズムの外部にいる読者たちを中心に、研究ジャーナルではないところで読まれて広まった思想運動と評されることがある。レヴィ・ブライアントは彼のブログかFBのタイムラインで、「OOOやSRによる文学研究はありえないだろう」という主旨のことを述べていたが、現在ではユージン・サッカーの

SF、ホラー論[2]をはじめ文学（批評）について、この方法を用いて論じた仕事[3]がしばしば見られるようになってきた。また後述する「暗黒啓蒙」の議論や人脈とも重なるレザ・ネガレスタニによる小説『サイクロノペディア』Cyclonopedia[4]のように、OOOやSRと問題意識を共有する作家が砂漠の自然や、塵芥にまみれた都市環境、中東の社会や文化の雰囲気をホラー小説や思弁的神学の体裁で文学作品化している場合もある。他ならぬハーマン自身が『怪奇実在論──ラブクラフトと哲学』という著作を発表しており、ラブクラフトの怪奇小説と思弁的実在論の間に深い次元での共振を読みとり、いくつかの作品にそくしてその文体の詳細を分析し、OOOやSRの思想と（怪奇）文学がともに示唆している問いや視角を整理している。日本に来たこともあるらしく、そのとき四国、松山を旅行したさいの経験を書いたエッセイ「幽霊船[5]」などにもラフカディオ・ハーンを思わせる不思議な味わいがある。『四方対象』の冒頭にも「日本のお化け」についてふれた部分があり、余計な話だがハーマンの議論と日本というサブジャンルの資源＝手段も随所に見いだすことができる。

この小冊子のような本[6]に収められたエッセイ群は、チャイナ・ミエヴィルのSFへの言及なども含めて、リンギス的な語りとまでは言えないまでもハーマンの散文家としての才能が縦横に発揮されている。ここで示唆したいのはOOOの文学や芸術への単なる応用ではない。文学や映像のリアリズムと哲学上の実在論（リアリズム）の議論の系譜と重要な契機を随時、横断的に共振させていき、それぞれの制度やシステムの因襲が「認めそこなってきた」ことがらを明らかにしていくことが求められている。

知覚や感覚の対象になっているモノに人間は接近（アクセス）できない。これはOOOの基本的な出発点である。カントの物自体の話ではない。もっと端的にモノの実在性、モノのリアルをわたしたちは摑みえない。

たとえば、誰もいない森のなか、一本の木が生えている。誰も気づいたことのないぽかんと空いた部分かもしれないし、無数の樹々にまぎれて完全に森に溶け込んでいるかもしれない。その「一本の木」は人間がそこにいなくても生きており、実在している。しかし、誰も入ったことのない森や山の一地点であるかぎり、さしあたり人間の認知はこの木に到達することができない。しかし、日常の身のまわりにあるモノたちもまた、わたしたちは知っているようでそれらを知らない。あるいはあらゆるモノたちのうちに、何か得体の知れない部分がひそんでいる。人間の介入なしに、その認識の内容とは関わりなく、また認識作用なしに対象は、それらと無関係に実在する。どこか常識的な主張にも見える。そもそも人間の感覚に無関係な自然なるものを想定することのナンセンスを看破したのは、『ドイツ・イデオロギー』におけるマルクス&エンゲルスではなかったか。最近、噴火して生じたばかりのオーストラリアの環礁をのぞいて、人間との交通関係にない自然などどこにもないと彼らは断じている。ユージン・サッカーが言うように、SRやOOOにおいては「われわれなしの世界」the world without us は、カギとなる概念であるが、ド・イデの著者たちなら何と返すだろうか?

この挑戦は「祖先以前性」(メイヤスー)や「思考の絶滅」(ブラシエ)を通して分析され、哲学的には消去主義 eliminativism のかたちで語られ、人間のいない風景、思考のない存在において/について考え抜くプロジェクトとして続いている。思考が足場を失った空虚を逆に足場にするようなトリッキーさがあるが、この問いの切実な物質性——有無を言わさない感じや「最終審級における決定」——もまた無視することはできない。個々の時代における、のりこえ不可能な理論パラダイムは、前世紀末から数十年ずっと、現代思想（現代の哲学や批評）においては「人間の終焉＝目的」をめぐって、そのつど「新しいもの」や刷新として登場してきた。OOOやSRはその延長にあるのみならず、同時にこれまでの試みの大枠の前提ともなる関係論や唯名論をきっぱり拒絶する。人間的な意味をもたない、それをこえた意味（のようなもの）に向かっているといってもよい（多くの論者のクトゥルフ神話への積極的な言及の根拠はここにある）。この試みは「（ポスト）構造主義」、記号論あるいは「言語論的転回」以降の人文学に対する批判や対抗、もっと言えばバックラッシュと読むことができる。いくら関係、もしくは記号論的差異によって説明しても、やはりモノはそこにあるではないか、という日常感覚は誰にもあるだろう。だがむしろ、その感覚の宛先すらない世界が、実はこの日常や世界のうちに謎として組み込まれている、そんなふうに考える感覚をきたあげることができるなら、逆張りだとしても意味がある。

繰り返せば、OOOの場合は、かりに目の前に対象があったとしても、人間はこの人間に見られたことのない木と同様に、その実在に十全にアクセスすることはできない。十全に、というところにOOOの重要な主張がひそんでいる。対象はそれを感知、認識するものが汲み尽くすことのできない一種の余剰をもっている。認知されるモノは認知の主体が見切ることのできない、ある過剰さをたたえている。

　生の魚をただ切ったものと、プロが刺身として切った魚は異なる。巧みな技で切られた刺身は舌に心地よい。魚の身にそなわった実在的性質でありながら、技術のない素人による切り口、つまり普通の対象とのつきあい方では出会うこと（アクセス）ができない感覚的性質（味）がある。これは単に本質と外見、本性とあらわれの関係ではない。本質とその疎外という構図はここにはない。あるモノの調理は無からの創造ではなく、対象の操作によって対象の別のあらわれを励起し、隠れていた本質と思いもかけないかたちで出会うことである。調理においてはむしろ、本質と外見のずれや乖離、分裂そのものとしてモノたちは戯れ、息づく。生き物としてのかたちからすれば壊れたものになっていても、舌にのるときには、はからずもひきこもった対象と出会えるような食材の実在の契機＝瞬間を遂行的に開いておく工夫が、食べ物をこしらえることである。

　ここで料理の例をあげたのは、多くのエッセイ、特に『食べごしらえ　おままごと』で食べ物の細部についての語りをたくみにたくしこんでいる石牟礼道子にみちびかれてのことである。独活のくせを抜くために菜種油で炒めても、まだ「野性のたけだけしさ」が残るとき、やはり「山の神さまの精のもの」を感じる。あるいはチッソ本社前の座りこみのおり、ジーパン姿の女子大生たちにもらった「焼きから諸」（焼き芋）から素材に出会いなおす。[7] ちょっとした手のかけ方で食材の味も匂いも全てが変わり、いつの間にか作る主語であった人の気持ちや思いは、これら食べ物や食器、道具と交じりあっていく。哀しみと怒り、憧憬や追想を直接に描くのではなく、モノとの出会いや交感、あるいは事故のようなぶつかりあいのうちに、土地と人、モノの幸福と苦境が人間以外のものへの／からの目線で描かれている小著である。「こしらえる」根元に「おままごと」という模倣をおいている点も見のがせない。こうした感性、あるいは視角は昨今の料理をめぐる言葉からはどんどん抜け落ちている。それは人間性の喪失というより、単にモノとの摩擦ある遭遇がまれになっているからではないか。

ＡＩに職人の感覚や認知、技やコツの全てをパラメータ化して入力した機械に寿司や料理を作らせたら、それは職人やプロの作るモノと同じになるか？　しばしば雑談のネタになるこうした設定も、対象へのアクセス（認知）を完全に再現、反復、同化できる過程がありうると考えた場合には、その認知や意志（ないし主体）的コツの全て、つまり曰くつかみがたい職人の勘のようなもの——季節ごとの環境の変化や素材のばらつきへのはたらきかけ——がシミュレートされ、それじたいがオブジェクト化——因襲的な意味での対象化や物化、模倣ではなく、対象とほとんど同じになるという意味でのオブジェクト化——にいきつくことになる。実際にそんなことが可能かそうでないかの判断をめぐって、機械で握られる寿司に対する意見は変わるだろうが、ここでそれは問題ではない。

一つだけ言えるとしたら、機械が職人の勘や気分を完全に再現し、遂行できるようになることが「人間」(的本質)の終焉や消滅にあたるのではなく、そのような問いや二律背反が感覚的、情緒的にせよ日常的に語られるようになっている現状じたいが、すでに人間(的本質)の消去や終わりという出来事に連なっているのだ。ポスト・ヒューマン、ないしノン・ヒューマン的な転回という構えと、ハーマンのOOOが交差する点はここにある。職人の勘のようなものと、環境における汚染や破局の日常生活における微細な徴候に反応する「虫のしらせ」や「予感」のようなものは、対象、人間でないものの視角から——対象に感情移入するのでも、擬人化するのでもなく——、これまでつねに生まれ出て、逆に人間的な世界にはたらきかけてきた。石牟礼道子の『苦界浄土』を「人間主義《ヒューマニズム》」において読まない回路が、このような読みによって可能になるかもしれない。

エコクリティシズム（環境批評・文学）の文脈で書かれている芳賀浩一による著作『ポスト〈3・11〉小説論』[8]におけるOOO、SR、NMなどについてのサーヴェイや整理はとても参考になる。こうした思潮の個々の論者についての紹介はもちろん、論争的な伴走者であるジェーン・ベネットなどの論者についての概観も手がたく、信頼できる（本書でもベネットの「振動」や「脈動」の概念が随所に登場するので、芳賀の解説は手引きになる）。ただし、Object-Oriented Ontology に対する芳賀による「物質志向の存在論」という訳語については問題がなくはない。というのも、Object は対象、オブジェクトであって、モノや物質、質料、素材、事物そのものではない。OOOが「オブジェクト指向」というさいにはコンピュータやプログラミングの技術的な意味あいで使われている。この訳語では、まずこの意味あいが抜けてしまう。同時に、質料 matter ないし物理的な物質、モノ一般と、対象の区別がこれではできなくなってしまう。つまり「物質志向の存在論」と「唯物論」の語義の論理的な違いは見えにくくなる。ペリカンの入門書でも本書においても、誰よりもハーマン自身が繰り返し明確に述べているように、OOOは「唯物論」には批判的であり、断固として拒否すべきという反対の立場にあるのだから、物質 matter と対象 object の違いは理論的に無視することはできない。しかし、唯物論の現代的なねりなおしのための試みの一つとしてOOOやSRに関心をもつ——これは本書でのハーマンからすれば、その意図に全く反した、とんだかんちがいにあたるが——筆者としては、「物質志向の存在論」という言い回しにも、OOOの訳語としてではない一定の意義を予感していることも認めておきたい。

OOOやANTを社会や歴史に適用することの可能性が本書では模索されている。オブジェクト指向社会理論はありうるのか、ありうるとすればどのようなものか、本書はこの問いについての素描（スケッチ）であり、前半部はOOO初心者のための導入の役目も果たしている。

ハーマンやOOOの論者たちが個物 individual things と言う場合、指示できるのはただのモノとはかぎらない。法人や組織、集団なども行為体（アクター）であり、また対象（オブジェクト）としてハーマンには論じられている。人間以外にエージェントが広げられることによって、英雄的個人やキャラクターにたよらないかたちで歴史や社会を見つめる可能性が開かれる。従来の歴史の叙述、特にマルクス主義や批判理論の記述と離れたところで東インド会社という、国家にも資本にも還元しきれない組織体と活動を問題にすることは、未聞のOOOの社会理論のたしかに格好のケーススタディになっている。このときハーマンがカギとなる概念にしているのが「共生」symbiosis である。

共生という言葉は、昨今の大学では聞き慣れない学部学科名など含め、会議など数えきれない場面でよく使われる。人文学一般においても「多文化共生」という語は誰も否定しようのない一種の定言命法としてはたらいていると言ってもよい。しかし、その場合、共生という概念にはいくつかの前提が疑われずにいる。本書のハーマンにおける共生はそうした人間（中心）主義的な前提をこえたところで語られている点に注意しなければならない。本書でもオランダ東インド会社の特殊ななりたち、カーメルという地域ごとの支部（本書の英訳は chamber）から現地の拠点、列強の会社や軍隊がことごとく、共生の対象やアクターとして見られていく。それは英雄や個人の行動や大事件を中心に語る歴史の叙述と重なるようでいて、随所で齟齬をきたしていく。しかし、その部分こそがハーマンにとっては見のがせない位相になっている。連続細胞共生説など使われている生物学の概念は隠喩として使われているのか、あるいは魅惑 allure のように対象間に成立する非関係の関係としてとらえられているのか判然としないところもあるが、ハーマンのOOOの理論的な果敢さという部分は率直に認めたい。

さらに歴史を動詞において見るのではなく、徹底的に名詞、ひいては個物に焦点化することによって見つめること、これは批判的な歴史学、あるいは批判理論一般に対する挑戦と言ってよい。さらにハーマンがケーススタディとしてオランダ東インド会社の歴史をとりあげていることとじたい、従来の文化研究やポストコロニアル研究、さらには倫理学や政治学のここ数十年の動向に対する一種の挑発ではないか、という印象すら抱く。この点は、この二〇年、アムステルダムを第二のホームタウンとして生きてきた個人的経緯もあり、この小著を訳す動機にもなった。糾弾と指弾以外の仕方で、批判的な歴史の記述や分析は絶対にできないのか？　という素朴な問いを無視したくなかった。

次にハーマンの他の著書にも最近はよく出てくる三つの「掘り」（還元）について。

「掘りくずし」undermining は対象を、多くの場合より小さな構成要素に切りつめ、還元し、その組み合わせや集まりに置き換えるアプローチである。(自然)科学から哲学にいたるまで、この考え方は広く採用されている。これに対して「掘りあげ」overmining はハーマンによる造語であり、こちらは対象を、今度は全体として、その効果や帰結によって記述し、描写し、置き換えるやり方を指している。近年の日本語訳では一般に「上方解体」「下方解体」とされている。意を汲んだ訳語とも思うが、OOOの対抗軸の言語論的転回のおおもとにはハイデッガーにおける解体 Destruktion やデリダの脱構築(解体構築)などがあり、これらによって哲学と親しんできた年寄りとしてはどうも躊躇せざるをえない。テクストもまた対象《オブジェクト》であるとすれば、その「感覚的ノート」としての語感、使用文字(漢字)の物質性と自己表出の歴史性は、そう簡単に無視できるものでもないだろう。一応、本書では「上方還元」や「下方還元」という訳語も補足にあてておいたが、英語としては比較的、日常的な言葉を哲学の根本的な方法的態度にあてているという点では、何とか大和言葉で表現できないかと考えていた。そもそも「掘る」mine というニュアンスも、ハーマンの思考を追う上で捨てがたい。ゆえにここでは undermine を下位要素への還元なので通常どおり

「掘りくずし」ととらえ、ハーマンの造語である overmine に関しては「掘りあげ」をあててみた。何かの結果、はたらきの効果、作業の帰結、そうしたモノがもちうる様々な結果をあらかじめひそかに巻き込んだ一体性や潜在性……といった意味を担った語であることを勘案するうち、この聞き慣れない言葉にでくわした。園芸用語で、花の咲きおわった球根を次の季節のために取り出しておく語があることを知り、これを訳語に使ってみた。球根はここで、花が咲くという結果のあとの潜在性、ないしはある過程の包括的な結果として見られているからだ。

掘りあげについては、ハーマンの潜在性、潜在力、ヴァーチャルなもの……といった概念への強い拒否と大いに関連しており、ブルーノ・ラトゥールとの対話においても、この点は確認されている。本書でもラトゥールは現代における代表的な掘りあげの思想家とされている。ロンドンのLSEでハーマンとラトゥールの間で行なわれた対話の記録である『王子と狼』――ネットワークのプリンスがラトゥールであれば、狼がハーマン? ただしこの場合の狼は群れではなく一匹狼のようだが――において、ハーマンはこう整理する。ラトゥールは潜在性 potentiality の概念を受け入れず、どこか外側に向かうヴェクトルを意味する予期 expectancy のみを認める。潜在性の概念は、モノたちに自らが成し遂げることができることがらを何の代償もなしに前もって与えてしまうことになるからである。(PW, 120) 花が現にあるのは、太陽が花の原因になっているにしても、太陽のもたらす因果的な作用がきわめて重要になるのは、ただ花が開花するそのときにかぎられる。少なくとも、ハーマンはラトゥールが「掘りあげ」の思想家であるにしても、ドゥルーズやマスミ、ブライアントのような潜在性、潜在力を認める思想家としては位置づけたくないと考えているようだ。

やはり造語であり、双方のアプローチを絶え間なく続けるしかないとして持ち出されたduominingについては「掘り重ね」としておいた。

本書で論じられてもよかったかな、と思われる点を一つ指摘しておく。それは様々な共生——と同時に暴虐——を可能にしたスパイスという対象《オブジェクト》にほかならない。近年の歴史研究によると、スパイスは悪い状態の肉の匂い消しのための香料として使われたのではなく、睡眠や精神安定、強壮……など一種の刺激剤として用いられていたという。オブジェクト指向存在論がスパイスのこうした側面をどのように位置づけるか。人間の感覚や認知以外の視角からも、今後、この対象の「魅惑」は考えられてもよいはずである。

ハーマンの特徴的な論点のいくつかをあげておく。まずはハイデッガーに由来する「ひきこもる」、「退隠」という用語と発想について。これはオリジナルの『存在と時間』における独語ではEntzug, entziehenであり、英語ではwithdraw, withdrawal, retreat, recedeなどで表現される。これは『ゲリラ形而上学』および『道具存在』といった、ハーマンの初期の仕事から一貫して提起されており、のちに『四方対象』などで、より図式的、概論的な説明をゆたかにしている。

ハーマンの「壊れた道具」あるいは道具存在についての議論は、すでに本邦でもあちこちで解説がなされているので、ごく簡単にさらっておきたい。人間が何の困難もなく道具を使用している場合には、人間には道具の背後にある連関は見えていない。それどころか道具はインターフェースとして、つまり人間（主観）とモノ（対象）をなめらかに（障害なく）つなぎあわせ、対象の変化や移動という目的に向かって／合わせて道具は「透明化」する（こう理解しておくと、後述するようにハーマンがしばしばマックルーハンのメディア論、技術論にもふれていることが理解できる）。「壊れた道具」broken toolこそが、使える状態の「手もと存在」の背後にある文脈や地平としての「道具連関」の存在を示唆するというハーマンの構えは、いささか「コロンブスの卵」めいている。ハーマンは存在を「道具存在」tool-beingとまで言い切るのだが、むろん、このような概念や言い回しはどこを探してもハイデッガーにはない（ハーマンは兄弟と話していて思いついた言い回しであると語っている）。

もはやハンマーの例は読者によっては「耳タコ」であろうから、ここでは違う例をあげてみよう。ゲバ棒という道具はない。角材にゲバ棒としての道具存在はどのように見いだされるか？　言うまでもなく機能連関のうちでの「適所性」がゲバ棒を成立させるが、そこには道具を適切にその文脈ではたらかせる「役割扮技」が必要とされる。この役割扮技を人間というアクターにだけ押しつければ、道具存在は役割存在との相関性においてのみ成立する。ところが、何のイデオロギーも意図も動機もなく、ただ何となく角材がある特定の「扮技」を喚起し、角材が別の対象に、ある役割の遂行を担い手に与える場合も歴史上、多くの場面であったはずである。ゲバ棒の例は廣松渉から引いており、概念の仕立ても彼のものだが、ここで考えているのは別のことだ。角材としてはこぼれおちてしまった、角材の用途可能性や用象Bestandから外れるような役割roleを、道具的存在者そのもの、その有意義性においても認めること、もっと言えば、モノに「対他＝対自」契機を与えるという誤読に可能性を見ることである。[9]廣松の、言わば相関主義の極致のような共同主観論や事的世界観にすら、このようなひねった読み、戦略的な誤読も半分は彼自身が言っている中身から考えることができる。「四肢的分岐」はモノと人の双方に「として構造」を認めることだったから、モノに役割（扮技）はおろか、あるエージェンシーやアクターを与える視角を「あえて」廣松のテクストのなかに拾いだしていくこともできる。

ティモシー・モートンによれば、音楽におけるビート beat もまた「ひきこもった存在」である（RM, 115）。ビートやリズムはただの物理的振動だが、楽器や機材が特定の使い方をしたときにのみあらわれる音のかたちとしてグルーヴ groove（複数のトラックやリズムが生み出すうねりのノリ）があげられる。もともとその著作群において、モートンはネットで公開されているビョークとの対談からもわかるように、音楽への参照の多い書き手である。ハーマンの『ゲリラ形而上学』でも、かのベルリンの——ドイツが国家遺産として認めた！——スクウォット Berghain の廊下や室内を例にとっている部分がある（GM, 233）。「壊れた楽器」（うまくベースとしては機能しなかったシンセサイザー）であるTB-303に大きく依存するところの大きいテクノやダンスミュージックに、OOOの論者がしばしば参照しているのは興味ぶかい。

モノたちは人間からひきこもっている。同時にモノたちもお互いにひきこもっている（BW, 75）。対象は認識の主体や主観性からひきこもっており、また対象間の関係からもひきこもっている。そして何よりも、対象そのものにおいてもひきこもっている。この基本線は、ハーマンによって様々なかたちで変奏される。たとえば、マックルーハンにおけるメディアやテクノロジーにおいて背景となる構造は、それらが伝える内容や中身よりも深い。メディアはメッセージである、という言明はそのように読まれるべきだ。あらゆるテクノロジーやメディアの構造的な背景は、それを使う者から認知できないところにひきこもっている。同じことをハーマンは、美術批評のグリンバーグについても言っている。絵画の背後にあるフラットな画布こそが問題であり、絵の中身などは文学的な逸話にすぎない。ハーマンはグリンバーグを意識しながら、唯物論の対立項は観念論ではなく、フォルマリズムだと考えており、非唯物論もまたそのヴァージョンであると見なしている。

ハイデッガーのみならず、むしろフランソワ・ラリュエルにおける「ひきこもる」withdrawという表現の多用と、その非哲学のシステムにおける重要性の方を、OO

OやSRにおける「ひきこもり＝退隠」概念の先駆として読む線もある。ラリュエルは二〇〇七年のロンドンでの会議でも論文を発表しており、ネグリやハートの議論に半畳を入れつつ、実在論の可能性についての考察を独自に展開している。「一（者）」はひきこもるというかたちであらわれる、あるいは「一（者）＝における＝視」において「一（者）」が思考へと除けられる、ラリュエルにはそうした構えがある。彼はさらに新しいエコロジーも志向しており、OOOやSRの先駆者としてのみならず今後もハーマンやモートンの「人間でないもの」への視線との関わりが模索されていい。

ハーマンは実在的対象（real objects, RO）、感覚的対象（sensual objects, SO）、実在的性質（real qualities, RQ）、感覚的性質（sensual qualities, SQ）という四つをとりあげ、これを後期ハイデッガーの四方域、四方界 Geviert（神的なもの、死すべきもの、天、大地）と構造的な類比関係においてとらえ、現象学や哲学のこれまでの複数の試みとOOOやSRの考え方を、この四者の組み合わせ方によって整理する。四方域は、いわゆる「転回《ケーレ》」以降の後期ハイデッガー哲学のもつ詩的かつ神秘主義的な響きのゆえに、しばしば理解の難しい構えとされてきた。哲学史の枠内で例をあげれば、ハイデッガーでは実在的対象と感覚的対象のずれが問題になるが、フッサールでは感覚的対象と実在的性質の違いが問題化されると整理すれば、いくぶん理解しやすくなるだろうか。ハーマンが試みている新たな四方域である、この「四方対象」quadruple objects、および対象と性質の四分類（RO, SO, RQ, SQ）を通した大陸哲学、特に現象学ののりこえの論理の形式化、図式化がうまくいっているかどうかは微妙かもしれない。

さらに問題となるのは、このハーマンの四分類は、文化研究や社会学、美学などでの「あてはめ系」の議論にいくらでも応用が効いてしまう点である。建築、美術、デザイン、ダンス、演劇、映画、音楽……おそらく何にでも適用はできるので、前述の料理の例に見られるごとく、筆者も含めてこのトラップにはまりやすい。それはまさに本書の終わりでハーマンが批判するマニエラの凡庸化でもあるだろう。対象や現象を記述するために、この新たな四方域は召喚されたのではない。むしろ、ドイツ観念論、経験論、現象学、構造主義……など個々の哲学が、いかに対象（オブジェクト）を摑みそこなっているか、対象への到達不能性を文脈や方法に応じて徹底して明らかにしようとするために、この四方域は呼び出されているのだから。

対象には眠っている部分 dormant parts、暗くかくれた区域がある。お互いに関係しない対象は、それぞれのうちに一種の空虚を内包している。「……宇宙は相互に排除しあう真空＝空虚 vacuum につめ込まれた、捕まえどころのない様々な実体でいっぱいに満たされている」（GM, 45）この空虚は何とか互いに交流しようとする。モートンはこの部分を「奇妙な異者／異邦性」strange stranger（RM, 75）と呼び、さらにその感覚的性質と実在的性質にまたがる展開をハイパーオブジェクト（伝染したり、転移したり、位相差を作ったり、粘着したりするモノ）へと敷衍していく。ここで言われる空虚は無の観念や非存在の概念に近いが、それらと決して同じではない。しかし近年、ハーマンは仏教における無や空虚の概念に重大な関心を寄せている。マニュエル・デランダとの対談でも龍樹の学説にふれている（RR, 45）。OOOと仏教、特に無の概念の関わりについては、ティモシー・モートンは随所でふれており、まとまったかたちとしては『無——仏教についての三つの問い』という共著本で取り組んでいる。[10]

距離を通した接触、あるいは非関係の関係を通して、何とか関係をさらに実質substance とすること、ハーマンにとってはこれこそが「ゲリラ形而上学」であり、「モノたちの大工仕事」the carpentry of things なのだった。求められているのは、リンギスが水準 level と呼び、ハーマン自身が媒質 medium と呼ぶような、対象どうしがはからずも相互作用する次元や空間である。つながらないモノたちをつなぐ媒質、というより魔術的な糊 glue のようなはたらきをハーマンは考えており、ゆえに「大工仕事」という語も呼び出されている。あらゆる対象に空虚があるなら、あらゆる空虚にはある世界、少なくともモノたちの性質が交差するエーテルや媒質が広がっている（GM, 91-95）。『ゲリラ形而上学』でも、他のエッセイでも、このあたりになるとハーマンは、随時、様々な用語をあててくる。エーテル、メディウム、プラズマ……とにかく遍在するある水準 level（リンギスの概念であり、同名の書もある）に、わたしたちが浴槽に入るように浸っており、対象からは「感覚的ノート」やプラズマが発せられ、例の何かわからないもの、モノのなかの／という思いもかけない実在に出会う、という構図を手を替え品を替えては語っている。その筆致、発想は魅力的だが、完全に説得されるというよりはどこか気持ちよく騙されている感もなくはない。

いずれにせよ、こうしたハーマンの概念体系の底流には、先に述べたオルテガの言語論（隠喩論）が基本として位置づいている。魔術的な糊の根元的なパーツはここにある。

オルテガの論考「序文のかたちでの美学エッセイ」An Essay in Esthetics by Way of a Preface[11]からハーマンが受けとったものは大きい。それは言い切ってしまえば、「わたしは自身であると同時に、その環境＝境遇である」ということになる。自我、自己が何かモノに向かうとき、つまり対象に出会うとき、自己はその対象およびその周囲（環境、雰囲気……）に広がっている。赤いモノがわたしを感覚的に刺激すれば、「わたし＝赤」がそこにあり、水があれば「わたし＝水」に、星を見れば「わたし＝星」がそこにある。言語は命名でもモノについての情報でもない。リテラルな表現などないという「白けた神話」におけるデリダの議論に対抗するように、ハーマンはオルテガの隠喩論をとりあげる。ここでは糸杉と炎、狼と人間など隠喩によるつながりの秘密があかされる。

ハーマンによれば、言語――とりわけ隠喩（メタファー）――は、モノたちがそれじたいを遂行＝表現executeしていることを示している。美的＝感覚的対象はそれじたいそれぞれに内奥性をもっており、すでに個々のモノたちもまた「わたし」なのである。自己と対象、環境が全く同一化されるのではなく、ほとんど同じになる（この点が、マラルメや京都学派、禅、井筒俊彦などにしばしば読める「花を見る＝花になる」という発想とは異なる)。わたしたちのそれぞれが「わたし」Ｉであるのは、意識という生物学的でもあり認知論的でもある仕組みがそなわっているからではなく、わたしたちがそれぞれ意識や観察、外的記述によっては汲み尽くされない「何か」(もの)somethingとしてあるからだという驚くべき主張である。主体はすでにして対象であるという視角を、ハーマンは早い時期からオルテガに見いだしていたことになる。精神と世界、存在と思考の相互作用を徹底して疑い、すでにオルテガははからずも人間と非人間が相関しあうものとしてあつかうことはできず、徹底してそれぞれに自律、孤立しつつ、それぞれに豊かに生きていると考えていた。ハーマンはそのようにオルテガのこのエッセイを読んでいる。

対象は互いに関係しない。にもかかわらず、モノとモノは互いにはたらきかけあうことができる。そうでなければ、そもそも対象間の因果関係も成立しえない。これを説明できるのは何か？　基本的に超越論的主性や共同主観性といった概念は、相関主義批判のゆえにもはや採用することができない。ここでハーマンがヒントにしたのが、一七世紀の哲学者マルブランシュが考えていた「機会原因論」occasionalismにほかならなかった。ハーマンは、マルブランシュはじめヨーロッパの哲学は、アル・ガザーリなどイスラム哲学の影響下にこの概念をねりあげることができたという事実を重視している。機会原因論の構図ではあらゆる現象や事物、因果関係において、ある超越的な存在――一七世紀の議論では神――が万物を契機、きっかけ、機会 occasion として自らを展開しているという見立てが行なわれる[12]（BW）。ハーマンはここで神の代わりに「副次的＝代替因果性」vicarious causation という概念をもちだして、一気に機会原因論を世俗的な存在論、ないし実在論の方にひきよせる。ここでは超越的な媒介は先行しない。むしろ、個々のモノたちが感覚的性質や「感覚的ノート」を自らのカリカチュアとして展開する。

たしかに炎は綿を燃やす。綿の実在的対象は炎に直接的な作用を受けているのではない。実在的なモノは出会わない。炎という感覚的対象に向かい、互いを契機＝機会（だし）に使って、そのどちらでもない実在的対象が生じる。あらかじめの媒介や超越はない。無限にお互いに感覚と性質のほんの一部だけを通して代替しあう動きだけが、三番目の実在を成立させる。こうしてハーマンは機会原因論を神なしで現代に蘇らせたのである。ときとして、そこには魅惑も生まれる。対象は対象を魅了できるし、誘惑する。このさい対象は、接近不可能な何か、提示できない何か奇妙なものをほのめかす。魅惑は深みと表層、背景と内容、メディアとメッセージの間のずれや分裂のうちに醸される。それは対象じたいのうちのずれや乖離、例の四方対象間の違いや組み替えを通しても生まれる。対象が一つの実質たりえ、関係もまた実質となりうるのは、このようにある一つの対象の内側でも性質の代替因果性が作動しているからである。美的な触発、修辞、因果関係は、魔法のように、いつもつながっているわけではない要素を糊づけしようとする。ただしそれは、人間の思うとおりではない。人間が書いた文学が、人間以外の視角で魅惑を放つことがあるのもゆえのないことではない（ハーマンのダンテ論『ダンテの壊れたハンマー』の魅力もここにある）。

モノは互いに関係しない。にもかかわらず、ある複合体 composite を構成する。関係や仕組み（assemblages、交差配列、動的編成）といった概念を周到に避けつつも、対象間のずれ（実在的／感覚的）、また自らも対象である「わたし」と、ひきこもった対象との直接的ではない関係に美学、存在論、倫理の基本単位や複合体がある。

OOOからすると因果性そのものが隠喩的なものだ。この意味で、リアリズム（実在論）はマジック（魔法、魔術、呪術……的なもの）に裏打ちされている。因果関係すら、というか因果関係そのものを一種の隠喩（メタファー）として考える、という姿勢がハーマンにはある。ティモシー・モートンはこれを引き継いで、さらに因果関係について魔術（マジック）という言葉まで使っている。魅惑は因果性のエンジンなのである。（RM, 83）ここでOOOやSRにおけるこの魔術的実在論、実在論の魔術は、ラテンアメリカその他の世界の文学におけるマジック・リアリズムとも大いに文脈を共有するだろう。コルタサルやカルペンティエールなど、マジック・リアリズムの文学をOOOによって解釈、分析するというのではなく、文学も哲学も実在論的なマジックをつねに語っている、という視角の方が面白い。少なくとも、美学（感性論）こそが「第一哲学」たるべきだと考えるハーマンやモートンらの思考から、この二重の系譜を追うことは重要だろう。

近年、ハーマンの議論は多くの場面で汎心理主義 panpsychism に傾斜している。しかし、手放しで万物に心や精神を認める議論ではないし、前近代的な意味でのアニミズムへの回帰を志向しているわけではない。モートンも参加していたオランダ、ユトレヒトでの小さなワークショップでハーマンに質問したかぎりでは、ブラジルの人類学者ヴィヴェイロス・カストロによるパースペクティヴ概念を通した「多自然主義」multi-naturalism のうちで語られる新しいアニミズムに好意的な関心をもっているように見受けられた。わたしはこのさい日本語における「もの」thingと「対象」objectsの区別をとりあげ、「もの」の方には「もののけ」や「もの忌み」、「ものがなしい」「もののあわれ」など、主観に対する対象＝客観をこえた構図――つまり、ハーマンがオルテガの隠喩論から受けとった視角に似た地平――がこの語には含意されており、日本やアジアにおけるアニミズムやシャーマニズムの感覚の残存ともかすかに響きあっている点を指摘した。ハーマンやモートンも、未聞のアニミズムとOOO、あるいは汎心理主義panpsychismとの絡みあいについてさらに議論が必要と認めていることまでは確認できた。

心は一つではない。心はいろいろなところにある。非人間であるモノたちもまた、汲み尽くしえない、他とは区切られた内奥や秘性を抱えている。しかし、「あまねく」心が広がっているのではない。モノたちの全てに人間と同じような認知や精神、心や感情があるということを言おうとしているのではない。全てに心があるのではなく、心あるいはそれに似たはたらきをする何かは、人間が想定するよりも多く認められるのではないか。このようにしてハーマンは「汎心理主義」panpsychismよりも「多心理主義」multipsychismを標榜する。近年は一般的な書籍においても「汎心理主義」

的な関心から書かれた著作が内外でよく見られるようになってきたこともあり、広い意味でのモノや非人間の心をめぐる考察は今後ますます重要となるだろう。[13]

ハーマンの政治的な立場はどうだろうか？　どちらかと言えば、保守的、あるいは左翼に批判的ということは言えるかもしれない。ただし『ブルーノ・ラトゥール——政治的なものを組み直す』[14]で、ラトゥールの右派的な読みと左派的な読みをともにとりあげた構成を見てもわかるように、政治的なものへの視角を複眼的、多元的にしておこうとする努力はしている。ラトゥールをネオリベや官僚制への親和性においてとらえて断罪する荒っぽい読みからは、ハーマンもそうした「アンチ左派」的な論者のように位置づけられているかもしれない。実際、本書の題名である「非唯物論」は、明らかにハーマンのそうした「左派嫌い」と思しき資質を伝えている。最近、ブログやSNSなどでの投稿からうかがわれるかぎり、OOOの名付け親であったレヴィ・ブライアントは合衆国内部の政治への失望もあいまって、発言や発想においてリベラル化ないし左派的志向を強めている。彼のハーマンとの距離は哲学のみならず、「政治的なもの」をめぐる存在論においても大いに意見を違えている様子がうかがえる。

かの「四人組」のなかで、ハーマン一人が毛色がやや違ってきたと見る向きがあるのは承知しているが、ここで必要なのはより綿密な読みであって、ハーマン個人が浮いてきた感じを云々することではないだろう。

そもそも哲学の運動（ムーヴメント）としての思弁的実在論やオブジェクト指向存在論の発端や出発点そのものが、ニック・ランド周辺の「新反動主義」neoreactionaryや「暗黒啓蒙」Dark Enlightenmentの思想とのつながりがあるという事実や、人的関係（グラントやブラシエはランドに教わった時期がある）を根拠に、SRやOOOは出自と起点からして政治的に反動であり、心ある左派は相手にすべきではない、といった態度やコメントに出会うことがある（OOOやSRのブログ周辺の運動など幻想にすぎないというレイ・ブラシエの態度が全く正しい）。たしかにニック・ランド周辺は「オルタナ右翼」との親縁性があるにしても、人脈や概念に共通点があるからといってSRやOOOもまた反動であるとレッテル貼りするのは誠実な態度とは言えない。左派に対する批判のうちにこそ、あるいは左派は自己批判の回路をくぐる、つまり解放の無意味さや薄さを疑う過程を経るしか、もはや来るべき跳躍はありえないのではないか？

むしろ、啓蒙主義批判にまで突入したこれらの流れにも一定の視角から目を向ける必要があるだろう。平等主義や民主主義など、近代において絶対に疑うべきではない（とされている）定言命法とも言うべき前提をことごとく破壊し尽くそうとするこの議論は、ニック・ランドがバタイユ論を世に問うていることからも推察されるとおり、晩年のボードリヤールをさらに悪魔的にしたようなところがあり、SFやホラー、またクトゥルフ神話などへの強い関心もあいまって、ある種、大衆的な魅惑をもって映るのは否めない。あるいはPCへの反感をふくめ、なぜ人々がこのような流れに反応するのか？ということを考えるのも急務である。

「新反動主義」は「加速主義」とも近く、日本的な文脈からすると早い話が「三〇年遅れのニューアカデミズム」といった趣きもなくはない。それはまさに浅田彰がドゥルーズ＆ガタリを暴力的に要約して主張した「もっと加速してぶんまわせば、資本主義も近代もぶっ壊れる」という発想に似て聞こえる。イデオロギーを無意味化する試みもまたイデオロギー的になりうるが、新しい実在をめぐっての議論は政治的なものを無化する政治、良かれ悪しかれ、政治の彼方を目指す思考にも通じる。その意味では本書における東インドに対する視角、つまり、従来のポスト植民地主義の言説や、文化の批判理論の外に出ようとする試みは、ある種の危うさを抱えながらも「人間でないものを巻き込んだ政治」あるいは「モノたちの民主政」（非人間の政治）にもかすかに連なっている。

さしあたりここでは、最もわかりやすくハーマンの政治的な立場がすかし見える発言や記述をいくつか見ておこう。ハーマンは、ラトゥールの弟子であり、本書でもリップマンを使った論点が紹介されているノーチェ・マーレスとの議論において政治的なものと社会的なものに関して、こう言っている。「わたしは存在論的立場と政治的な立場を相関させるのを好まない」（PW, 93）ノーチェ・マーレスはラトゥールのANTやハーマンのOOOと、驚いたことに何とシャンタル・ムフの「ラディカル民主主義」の議論を交差させて「公衆」および「公的なもの」の不在について論じているが、ハーマンのラトゥール本も「公衆は存在せず、係争が生じたときにはじめてあらわれる」という考え方についてまる一章ぶんを割いて論じている。ラトゥールとの対話で彼はこう言っている。「両者（存在論と政治）を混同することをいつも嫌に思うのは、関係性は進歩的左派の政治を意味し、実体は抑圧的で反動的な歴史を意味すると人々が想定するさいに彼らがここにはまっているからです」（ibid）というのである。この五〇年ほど「現代思想」の多くの部分が、ハーマンの言う人々の二元論的な「想定」から本当の意味でどれだけ自由たりえているか、この点について深く考えることは反動的でも、右翼的でもないだろう。

哲学（史）に親しんだ人のうちには、OOOは意外に常識的なことしか語っていないのではないか？　という者たちもいる。大騒ぎするほどの議論ではないという大人の対応（？）によるいなし方もあれば、ネットやブログを通して広がったいかにも現代的な思想潮流だという見方もある。そうした表層的な印象論ではなく、きちんとした理論にもとづいたコメントとしてはブライアン・マスミによる批判が目につく。ただし、マスミも、その理論、実践両面での同志であるエリン・マニングもともに、ドゥルーズ&ガタリ以降の哲学や思想における対象 objects という概念ないし用語についてはジェイムズやホワイトヘッドらへの関心と重ねて、数年来、彼らの仕事、論考において焦点化している。主観＝主体をこえたところで考えようとする姿勢、主観と対象の対立、分岐が意味をなさなくなるような次元を考えようとする点で、ホワイトヘッドなどへの強い関心と細かな読解を加速させている面もある。あるいは、そうしたヨーロッパとアメリカの哲学を横断する関心の重なりが、両者の対立点をはっきりさせている面もある。

ハーマンの議論の問題点について述べておく。まず、モノは関係しないと言っていながら、ハーマンはひそかに再び関係をもちこんでいるのではないか？　ダンテ論などで複合体 composite という言い方を彼がする場合、あるいは魅惑や大工仕事をゲリラ形而上学の根幹に据えるとき、また関係そのものが実体であるとさえ言われるさい、関係はいつの間にか回帰していないか。「関係はその項に対して外在的である」というドゥルーズに対して、ハーマンは以下のように主張する。対象は互いに関係しないし、あらゆる関係から引いていながら、ほのめかしや魅惑によって対象がかすかに関係しあっている、あるいは対象の美的な関わりあいが物理的もしくは社会的な因果関係に先行する。たしかにこの考え方は魅力的に聞こえる。しかし、言語論的転回や記号論を拒絶していながら、実際にはモノとモノとの間に言語ではないがはたらきかけあい――情動であって、コミュニケーションではない――を「魅惑」allusion のように想定し、これによって言語的なものによらないような関係なき関係 relation of non-relation を設定してはいないだろうか。

もともと「語りえぬもの」、到達できないものへの無限の運動は、ここ数十年の現代思想の課題であったが、ハーマンは皮肉にもこのミッションをある意味で正統に引き継いでいる。ただし、その方法である現代版の唯名論としての記号論、言語論は採用せず、それでいて言語のようなはたらき、知性や心に近いはたらきは、逆にあらゆるものに拡張され、それじたいレトリカルに広げられている。しりぞけるはずのものは、ただ遍在化されている、という疑いがなくはない。汎心理主義において人間の心の特権性が消えるように、関係論と言語論的転回を拒否する理論は、その実、あらゆるモノにこれを敷衍してはいないだろうか。むしろ、こう言ってもいい。ハーマンは、これまで人間について語られてきた哲学的概念を徹底して対象やモノ、非人間一般についても言えるようにするための概念を作り出すことを絶えず試みている、と。OOOやSRの信奉者としてではなく、それがしりぞけ、批判するものを逆にゆたかにする、深めるための手段＝資源としてOOOやSRを追いかけるという奇妙で、見ようによってはかんちがいな取り組みを筆者がしているのは、ハーマンのこのトリッキーな部分に惹かれているゆえかもしれない。

今後の展望について

お気づきのとおり、本稿は随所で何人かの日本の作家、哲学者、思想家の名前をあげてきた。すでに紹介した芳賀浩一の仕事からもわかるように、英米圏でも日本でも、またその他の言語圏においても、エコクリティシズム（環境批評）や哲学的なエコロジーの議論では、文学や思想のテクストをOOOやSRの思考のかたわらにおいて読む試みがいくつもなされている。筆者もまたその方向でハーマンのみならず、モートン、ブラシエ、ラリュエルなどを、日本の文学や思想との関連で、とりわけ環境批評やエコソフィーの文脈で読んでいくつもりである。もとよりそれは、OOOやSRを日本の文学や思想に「適用」して「解釈」することではない。単なる応用というよりはむしろ、今まで見すごされてきた、日本で紡がれてきた言葉や生活そのものにひそむ「非人間的なもの」あるいは「モノの視線や感性」に光を向けるにあたり、OOOのテクストとの交通や共鳴は欠かせない契機となりうるからだ。その細部は、現在進行中の二つのプロジェクト『ひきこもりの存在論』と『モノたちのアナキズム』のなかで論じることになるが、ここではざっと、どのような見通しで日本の文学や思想とOOO周辺の共振を問題にしていくが、要点をおさえておきたい。

OOOやSRの敵は「相関主義」およびその円環だとして、その場合、たとえば日本の哲学（者）をふりかえってみたときに、手っ取り早く問題化しやすいのは廣松渉や井筒俊彦の仕事かもしれない。この種の新しい（とされている）哲学理論を読んでいると、彼らの議論立て、その叙述に廣松渉であれば何と言うだろうか（物象化的錯視）？　あるいは、井筒俊彦ならハーマンにおける機会原因主義およびイスラム哲学の関心と応用をどのように受けとるだろうか？などと考えさせられることがある。しかし、そうでない読みの可能性もあるという点はすでに述べたとおりである。井筒にしても『禅仏教の哲学に向けて』では、はっきり「主観と対象の相関」というふうに絵に描いたような相関主義を語っているように見える部分がある。しかし、それはあくまでも仮の議論立てであって、究極の知ないし悟りにおいてはこの相関関係は消失し、自己や主観はそれが生きているフィールドの結晶化にほかならないと段階的に書かれている。

廣松は機会原因主義やイスラム哲学にふれたことはないが、自身の事的世界観や関係論的な哲学の構図と、仏教、特に龍樹など唯識学派の思想との類似を認識していたことは知られている。また彼によるマッハの「一元論」monismやセンスデータ概念のとらえ方の検討には、相関主義的円環に閉じない議論の可能性がひそんでいる。廣松の役割＝協働論が道具的存在者にも「役割」、ひいてはモノにも「配慮＝顧慮」を認めるように読めるとき、廣松はすでに社会学的な役割理論やレーヴィット的な共同主観の範囲内での役割（論）の概念をこえた話をしている。廣松は絶対に汎心理主義も消去主義も認めることはないだろうし、アニミズム的な宇宙観の現代的な回帰を肯定することは絶対にありえない。しかしながら、廣松の唯識への関心を考えるさい、その役割理論を現代の哲学思潮のエッジの部分でもう一度読みなおす可能性はなくはない。結局のところ、廣松や井筒を「相関主義」の悪役（ヒール）にしておくだけでは明らかに不十分となる段階が、すでに訪れているかもしれない。そもそも井筒が『意識と本質』などでこだわったアラヤ（識）の原義は蔵であることに注意したい。ドゥルーズ&ガタリは『哲学とは何か』において出来事は蔵reserveであり、非物質的にして非物体的、そして生きられないものだとしたが、ハーマンにおいてはあらゆる対象のうちに、かくれた蔵 hidden reserve が想定されている。旧来のパラダイムのものと思われている哲学のうちにすら、こうした倉庫(パントリー)が隠れていることにもっと敏感であっていい。ここでは諸概念の共生もまた、問題になるだろう。

すでに名前をあげた石牟礼道子の膨大な仕事は、この試みにとって、特にゆたかな鉱脈であるだろう。石牟礼のテクストは、人間の心や主観もまた対象の一つ、それもかなり変わったよそよそしさをもつ対象であるということをひそかに伝えている。ヒューマニズムの枠内でのみ、つまり世界と人間の相関において対象やモノを見る立場とは根元的に異なる視線、人間のものでありながら人間のものとは言いきれないような視線や情動をそのテクストは示唆してはいないか、という読みである。

「往還道」というエッセイに「からいも飴」という菓子がでてくる。歩いていてうっかり子供が落とした飴は「あのひとたち」と呼ばれる蟻やもぐらやおけらのものになり、もう飴を落とした子どものものではない。蟻たちが運ぶ飴は「お祭御輿」のように運ばれる。これはとっくに擬人論の枠をこえている。むしろ、人と人でない生きもの、そしてあらゆるモノたちが、いつも心地よく幸福とはかぎらないかたちで共生している回路を文学として表現したものなのだ。「あのひとたち」と呼ぶコスモロジーを生きる大人もまた、実はその回路からは弾かれている。このエッセイ集は水俣病より前の幸福な日々――あるいは「カタストロフ以前」――を描いたものだが、その繊細な美しさに酔うばかりではなく、テクノロジーと資本、日常が生み出した禍々しい、それこそハイパーオブジェクト的な奇怪な力や徴候と渡りあい、なおかつこの平穏な日常や感覚を活かそうと思って生きるとき、石牟礼のアニミズム的な宇宙（政治）観と、OOOのある部分はひそかな共振をはじめることができる。そのとき、チッソのような会社も、日本という国家も、そして今もあちこちで「災厄（以前／以後）」を生きざるをえない人や生き物、そこらの使われているモノも瓦礫と化したモノたちも、全てを今までとは別の意味での共生という視角から見つめるようになるかもしれない。

「人の言葉を幾重につないだところで、人間同士の言葉でしかないという最初の認識が来た。草木やけものたちにはそれはおそらく通じない。無花果の実が熟れて地に落ちるさえ、熟しかたに微妙なちがいがあるように、あの深い未分化の世界と呼吸しあったまんま、しつらえられた時間の緯度をすこしずつふみはずし、人間はたったひとりでこの世に生まれ落ちて来て、大人になるほどに泣いたり舞うたりする[15]」

この舞いと振動やリズムの方へ、非唯物論を唯物論化してみたいという夢想にかられる。しかし、まずは書きつがれ、研究され、提起されたテクストたちをきちんと対象として迎え入れることが肝要だろう。

1 *Post-Continental Voices — Selected Interviews*, edited by Paul J. Ennis, Zero Books, 2010, p6-18

2 Eugene Thacker, *In the Dust of This Planet — Horror of Philosophy, vol.1*, Zero Books, 2011, *Starry Speculative Corpse — Horror of Philosophy, vol.2*, Zero Books, 2015, *Tentacles Longer Than Night — Horror of Philosophy, vol.3*, Zero Books, 2015

3 Brian Willems, *Speculative Realism and Science Fiction*, Edinburgh, 2017, Grant Hamilton, *The World of Failing Machines — Speculative Realism and Literature*, Zero Books, 2016

4 Reza Negarestani, *Cyclonopedia — Complicity with Anonymous Materials*, re.press, 2008. またこの作品にインスパイアされて書かれたり、作られたりした様々な論者、フィクション、映像、作品……などにもとづいた会議の記録も出版されている。*Leper Creativity — Cyclonopedia Symposium*, edited by Ed Keller, Nicola Masciandaro & Eugene Thacker, punctum books, 2012

5 Graham Harman, *Weird Realism — Lovecraft and Philosophy*, Zero Books, 2012

6 Graham Harman, *Circus Philosophicus*, Zero Books, 2010

7 石牟礼道子、『食べごしらえ　おままごと』、中公文庫、二〇一二、三二、九三〜四頁

8 芳賀浩一、『ポスト〈3・11〉小説論——遅い暴力に抗する人新世の思想』、水声社、二〇一八

9 廣松渉、『事的世界観への前哨』、ちくま学芸文庫、二〇〇七、一七一〜三頁
10 Marcus Boon, Eric Cazdyn & Timothy Morton, *Nothing — Three Inquiries in Buddhism*, Chicago, 2015
11 José Ortega y Gasset, *Phenomenology and Art*, 1975
12 p75, 174, 194, 220, 240, 274
13 森山徹、『モノに心はあるのか――動物行動学から考える「世界の仕組み」』、新潮選書、二〇一七、ピーター・ゴドフリー＝スミス、夏目大訳、『タコの心身問題――頭足類から考える意識の起源』、みすず書房、二〇一八
14 Graham Harman, *Bruno Latour — Reassembling the Political*, Pluto Press, 2014
15 石牟礼道子、『椿の海の記』、河出文庫、二〇一三

BW: Harman, G. *Bells and Whistles — More Speculative Realism*, Zero Books, 2013
GM: Harman, G. *Guerrilla Metaphysics — Phenomenology and the Carpentry of Things*, Open Court, 2005
PW: Harman, G. Latour, B & Erdélyi, P. *The Prince and The Wolf — Latour and Harman at the LSE*, Zero Books, 2011
RR: DeLanda, M. Harman, G. *The Rise of Realism*, Polity, 2017
RM: Morton, T. *Realist Magic — Objects, Ontology, Causality*, Open Humanities Press, 2013

参考文献

Aristotle (1999) *Metaphysics,* trans. J. Sachs. Santa Fe, NM: Green Lion Press. アリストテレス『形而上学』上下、出隆訳、岩波文庫、1959、1961

Badiou, Alain (2006) *Being and Event,* trans. O. Feltham. London: Continuum.

Barad, Karen (2007) *Meeting the Universe Halfway: Quantum Physics and the Entanglement of Matter and Meaning.* Durham, NC: Duke University Press.

Bennett, Jane (2012) "Systems and Things: A Response to Graham Harman and Timothy Morton," *New Literary History* 43(2), 225–33.

Brooks, Cleanth (1947) *The Well Wrought Urn: Studies in the Structure of Poetry.* Orlando, FL: Harcourt, Brace & Co.

Brown, Stephen R. (2009) *Merchant Kings: When Companies Ruled the World: 1600–1900.* New York: Thomas Dunne Books.

Bryant, Levi R. (2011) "The Ontic Principle," in Levi R. Bryant, Nick Srnicek, & Graham Harman (eds), *The Speculative Turn: Continental Materialism and Realism.* Melbourne: re.press, pp. 261–78.

Bryant, Levi R. (2014) *Onto-Cartography: An Ontology of Machines and Media.* Edinburgh: Edinburgh University Press.

Burnet, Ian (2013)　*East Indies: The 200 Year Struggle between the Portuguese Crown, the Dutch East India Company and the English East India Company for Supremacy in the Eastern Seas.* Kenthurst, Australia: Rosenberg Publishing.

Clulow, Adam (2014)　*The Company and the Shogun: The Dutch Encounter with Tokugawa Japan.* New York: Columbia University Press.

Coole, Diana & Samantha Frost (eds) (2010)　*New Materialisms: Ontology, Agency, and Politics.* Durham, NC: Duke University Press.

DeLanda, Manuel (2006)　*A New Philosophy of Society.* London: Continuum.　M・デランダ『社会の新たな哲学　集合体、潜在性、創発』篠原雅武訳、人文書院、2015

Deleuze, Gilles & Claire Parnet (2002)　*Dialogues II,* trans. B. Habberjam, E. R. Albert, & H. Tomlinson. New York: Columbia University Press.　G・ドゥルーズ、C・パルネ『ディアローグ　ドゥルーズの思想』江川隆男、増田靖彦訳、河出文庫、2011

Diamond, Jared (1999)　*Guns, Germs, and Steel: The Fates of Human Societies.* New York: Norton.　J・ダイアモンド『銃・病原菌・鉄　1万3000年にわたる人類史の謎』上下、倉骨彰訳、草思社、2000

Drews, Robert (1994)　*The Coming of the Greeks: Indo-European Conquests in the Aegean and the Near East.* Princeton, NJ:

Princeton University Press.
Eldredge, Niles & Stephen Jay Gould (1972) "Punctuated Equilibria: An Alternative to Phyletic Gradualism," in Thomas J. M. Schopf (ed.), *Models in Paleobiology.* New York: Doubleday, pp. 82–115.
Endosymbiosis (2008) "Endosymbiosis: Serial Endosymbiosis Theory (SET)," blog post. Available at: http://endosymbionts.blogspot.com/2006/12/serial-endosymbiosis-theory-set.html
Granovetter, Mark S. (1973) "The Strength of Weak Ties," *American Journal of Sociology* 78(6), 1360–80.
Harman, Graham (2009) *Prince of Networks: Bruno Latour and Metaphysics.* Melbourne: re.press.
Harman, Graham (2010a) *Towards Speculative Realism: Essays and Lectures.* Winchester, UK: Zero Books.
Harman, Graham (2010b) "Time, Space, Essence, and Eidos: A New Theory of Causation," *Cosmos and History* 6(1), 1–17.
Harman, Graham (2011) *The Quadruple Object.* Winchester, UK: Zero Books.　G・ハーマン『四方対象　オブジェクト指向存在論入門』岡嶋隆佑監訳、山下智弘、鈴木優花、石井雅巳訳、人文書院、2017
Harman, Graham (2012a) "On the Supposed Societies of Chemicals, Atoms, and Stars in Gabriel Tarde," in Godofredo Pereira (ed.), *Savage Objects.* Lisbon: INCM, pp. 33–43.
Harman, Graham (2012b) *The Third Table/Der dritte Tisch,*

Documenta (13) Notebooks series, ed. K. Sauerländer, German version trans. B. Hess. Ostfildern, Germany: Hatje Cantz Verlag.

Harman, Graham (2013) "Undermining, Overmining, and Duomining: A Critique," in J. Sutela (ed.), *ADD Metaphysics.* Aalto, Finland: Aalto University Digital Design Laboratory, pp. 40–51.

Harman, Graham (2014a) *Bruno Latour: Reassembling the Political.* London: Pluto Press.

Harman, Graham (2014b) "Conclusions: Assemblage Theory and its Future," in Michele Acuto and Simon Curtis (eds), *Reassembling International Theory: Assemblage Thinking and International Relations.* London: Palgrave Macmillan, pp. 118–30.

Harvey, Penny, Eleanor Conlin Casella, Gillian Evans, Hannah Knox, Christine McLean, Elizabeth B. Silva, Nicholas Thoburn, & Kath Woodward (eds) (2013) *Objects and Materials: A Routledge Companion.* London: Routledge.

Hodder, Ian (2012) *Entangled: An Archaeology of the Relationships Between Humans and Things.* Oxford: Wiley.

Hodder, Ian (2014) "The Entanglements of Humans and Things: A Long-Term View," *New Literary History* 45(1), 19–36.

Johnston, Adrian (2013) "Points of Forced Freedom: Eleven

(More) Theses on Materialism," *Speculations* IV, 91–8.

Kant, Immanuel (2003) *Critique of Pure Reason,* trans. N. K. Smith. New York: Palgrave Macmillan. I・カント『純粋理性批判』熊野純彦訳、作品社、2012

Knorr Cetina, Karin (1997) "Sociality with Objects: Social Relations in Postsocial Knowledge Societies," *Theory, Culture & Society* 14(4), 1–30.

Latour, Bruno (1988) *The Pasteurization of France,* trans. A. Sheridan and J. Law. Cambridge, MA: Harvard University Press.

Latour, Bruno (1993) *We Have Never Been Modern,* trans. C. Porter. Cambridge, MA: Harvard University Press. B・ラトゥール『虚構の「近代」 科学人類学は警告する』川村久美子訳、新評論、2008

Latour, Bruno (1996) "On Interobjectivity," trans. G. Bowker, *Mind, Culture, and Activity: An International Journal* 3(4), 228–45.

Latour, Bruno (1999a) "On Recalling ANT," in John Law & John Hassard (eds), *Actor Network Theory and After.* London: Wiley-Blackwell.

Latour, Bruno (1999b) *Pandora's Hope: Essays on the Reality of Science Studies.* Cambridge, MA: Harvard University Press.

Latour, Bruno (2007) "Can We Get Our Materialism Back, Please?," *Isis* 98(1), 138–42.

Latour, Bruno (2013) *An Inquiry into Modes of Existence: An Anthropology of the Moderns,* trans. C. Porter. Cambridge, MA: Harvard University Press.

Latour, Bruno & Steve Woolgar (1986) *Laboratory Life: The Construction of Scientific Facts.* Princeton, NJ: Princeton University Press.

Law, John (2004) *After Method: Mess in Social Science Research.* New York: Routledge.

Leibniz, Gottfried W. (1989) "Monadology," in *Philosophical Essays,* trans. R. Ariew and D. Garber. Indianapolis, IN: Hackett. G・W・ライプニッツ『モナドロジー 形而上学叙説』清水富雄、竹田篤司、飯塚勝久訳、中公クラシックス、2005

Margulis, Lynn (1999) *Symbiotic Planet: A New Look at Evolution.* New York: Basic Books.

Marres, Noortje S. (2005) "No Issue, No Public: Democratic Deficits After the Displacement of Politics," PhD dissertation, University of Amsterdam, The Netherlands. Available at: http://pure.uva.nl/ws/files/3890776/38026_thesis_nm_final.pdf

Meillassoux, Quentin (2008) *After Finitude: An Essay on the Necessity of Contingency,* trans. R. Brassier. London: Continuum. Q・メイヤスー『有限性の後で 偶然性の必然性についての試論』千葉雅也、大橋完太郎、星野太訳、人文書院、

2016
Meillassoux, Quentin (2012)　“Iteration, Reiteration, Repetition: A Speculative Analysis of the Meaningless Sign” (a.k.a. “The Berlin Lecture”), trans. R. Mackay, unpublished manuscript. Available at: https://cdn.shopify.com/s/files/1/0069/6232/files/Meillassoux_Workshop_Berlin.pdf　Q・メイヤスー「反復・重複・再演　意味を欠いた記号の思弁的分析」立花史訳（部分訳）、『現代思想』、2019、1 月号、青土社
Mol, Annemarie (2002)　*The Body Multiple: Ontology in Medical Practice.* Durham, NC: Duke University Press.　A・モル『多としての身体　医療実践における存在論』浜田明範、田口陽子訳、水声社、2016
Mol, Annemarie & John Law (1994)　“Regions, Networks and Fluids: Anaemia and Social Topology,” *Social Studies of Science* 24(4), 641–71.
Parthesius, Robert (2010)　*Dutch Ships in Tropical Waters: The Development of the Dutch East India Company (VOC) Shipping Network in Asia: 1595–1660.* Amsterdam: Amsterdam University Press.
Pseudo-Dionysius (1987)　*Pseudo-Dionysius: The Complete Works,* ed. by Colm Lubheid. Mahwah, NJ: Paulist Press.
Rhodes, Richard (1986)　*The Making of the Atomic Bomb.* New York: Simon and Schuster.
Sagan, Lynn (1967)　“On the Origin of Mitosing Cells,” *Journal*

of Theoretical Biology 14(3), 225–74.
Stengers, Isabelle (2010)　*Cosmopolitics I,* trans. R. Bononno. Minneapolis, MN: University of Minnesota Press.
Tarde, Gabriel (2012)　*Monadology and Sociology,* trans. T. Lorenc. Melbourne: re.press.　G・タルド『社会法則　モナド論と社会学』村澤真保呂、信友建志訳、河出書房新社、2008
Willis, John E. Jr. (2005)　*Pepper, Guns, and Parleys: The Dutch East India Company and China: 1662–1681.* Los Angeles, CA: Figueroa Press.
Zubiri, Xavier (1980)　*On Essence,* trans. A. R. Caponigri. Washington, DC: Catholic University of America Press.

〔訳者〕
上野俊哉（うえの・としや） 1962年生まれ。和光大学表現学部教授。著書『四つのエコロジー　フェリックス・ガタリの思考』『思想の不良たち　1950年代 もう一つの精神史』『思想家の自伝を読む』『アーバン・トライバル・スタディーズ　パーティ、クラブ文化の社会学』他、訳書、S・シャヴィロ『モノたちの宇宙　思弁的実在論とは何か』他

非唯物論 オブジェクトと社会理論

2019年3月20日　初版印刷
2019年3月30日　初版発行

著　者　グレアム・ハーマン
訳　者　上野俊哉
装　幀　中島浩
発行者　小野寺優
発行所　株式会社河出書房新社
〒151-0051　東京都渋谷区千駄ヶ谷2-32-2
電話　(03)3404-1201（営業）　(03)3404-8611（編集）
http://www.kawade.co.jp/

組版　KAWADE DTP WORKS
印刷　株式会社亨有堂印刷所
製本　小泉製本株式会社

Printed in Japan
ISBN978-4-309-24901-8

モノたちの宇宙　思弁的実在論とは何か

スティーヴン・シャヴィロ　上野俊哉訳

すべてのモノたちが平等な世界へ——ホワイトヘッドを甦らせながらメイヤスー、ハーマン、ブラシエなどの思弁的実在論をあざやかに紹介・批判し、来たるべき思想を切り開く

四つのエコロジー　フェリックス・ガタリの思考

上野俊哉

難解なガタリの思想を解きほぐしながら、宇宙へと開かれたその思考の核心と可能性をさぐり、来たるべき分子革命としてのエコソフィーを展望する〝全－世界〟リゾームの哲学

ドゥルーズの21世紀

檜垣立哉・小泉義之・合田正人編

なぜ21世紀もドゥルーズの世紀なのか。その哲学を究め、拡張し、対決するために世代をこえて最強の論者が結集し、その哲学に迫る記念碑的論集

意味がない無意味

千葉雅也

頭を空っぽにしなければ、行為できない……ベストセラー『動きすぎてはいけない』『勉強の哲学』で注目の哲学者が、「身体と行為」の本質へ迫る、待望の論集！

ドゥルーズ　常軌を逸脱する運動

ダヴィッド・ラプジャード　堀千晶訳

最後の愛弟子による「ドゥルーズ以上にドゥルーズ的」と言われるドゥルーズ論の決定版。常軌を逸脱する運動としてその思考を描き、政治性／革命性を甦らせる